CONSEILS

A

DE JEUNES DIPLOMATES.

« La candeur et la franchise sont communément plus utiles
« dans le maniement des affaires, que la ruse et la dissimulation. »

CONSEILS

A

DE JEUNES DIPLOMATES

PUBLIÉS

Par M. de Hoffmanns.

PARIS.

IMPRIMERIE DE COSSE ET GAULTIER-LAGUIONIE

RUE CHRISTINE-DAUPHINE, 2.

MDCCCXLI.

Toutes les parties de ces Conseils *ne sont pas absolument inédites, mais celles d'entre elles qui ont déjà vu le jour, avaient paru ou isolément ou avec si peu de soin que l'on ne pouvait en être satisfait. En les lisant, on appréciera leur utilité et la raison du mode de classification que j'ai suivi pour les publier réunies.*

ERRATA.

Page 6, ligne 11 d'en bas, *au lieu de* Ce marquis...., *lisez* Le marquis...

PREFACE*.

Les études spéciales si nécessaires dans l'état avancé de toutes les sciences, ne peuvent produire les heureux effets que l'on doit en attendre, que quand l'esprit a été suffisamment préparé par un ensemble de connaissances générales qui, seules, sont capables de l'étendre et de donner une direction rationnelle à ses efforts. Jamais, peut-être, ce besoin d'études positives n'a été aussi vivement, aussi universellement

* Feu M. le comte d'Hauterive, dont la sollicitude égalait la science[1], donna, il y a une trentaine d'années, des *Conseils à un Élève*, et, il y a environ quinze ans, ses *Conseils à des Surnuméraires;* les *Conseils à un jeune voyageur* parurent à peu près à la même époque. Ces productions succinctes, fruit d'une longue expérience, furent très bien accueillies par le petit nombre de personnes auquel elles étaient destinées. Cependant il restait une lacune à combler en faveur des jeunes diplomates en mission. Nul, assurément, n'eût été plus à même que feu M. le comte d'Hauterive d'y remédier; j'ignore pourquoi il ne le fit pas; mais, persuadé que l'on ne peut s'égarer en suivant les traces d'un tel maître, j'ai entrepris d'y suppléer. Dans ce but, j'ai extrait plusieurs morceaux intéressants des annexes d'un *Nouveau Guide diplomatique* que je prépare, de concert avec M. le baron Charles de Martens, ministre de S. A. R. le Grand-Duc de Saxe-Weimar-Eisenach, à Berlin, et qui formera la tête de la *Bibliothèque de l'Ambassadeur*, dont je m'occupe depuis longtemps à coordonner l'ensemble, d'après un plan consciencieusement médité et subordonné à un fort petit nombre de volumes, que l'on pourra acquérir séparément.

[1] *Voir* l'Histoire de sa vie et de ses travaux politiques, par M. le Chevalier Artaud de Montor. 2e édition. *Paris*, 1839, *in*-8°.

senti qu'à l'époque actuelle où la société, cédant à une impulsion salutaire, cherche, par des essais successifs et multipliés, à bien déterminer les conditions de sa nouvelle existence pour l'assurer et l'agrandir.

Les Romains avaient un temple dédié à *l'Heure*; on ne le fermait point; l'entrée en était toujours libre. Cette consécration, aussi bien que la plupart de leurs cérémonies, cachait un sens mystérieux; elle signifiait qu'en toute chose, il faut prendre l'heure et le temps propices. Il y a dans les affaires certains points à saisir, si nous les manquons, des difficultés sans nombre surgissent, et l'espoir de réussir s'évanouit. Heureuses les personnes bien préparées! Elles ne négligent jamais de s'avantager de tous les incidents favorables que l'occasion offre incessamment à ceux qui savent habilement observer et prendre leurs résolutions. L'excellence de l'esprit se manifeste dans la promptitude à tourner dextrement la voile, selon les changements de temps et de conjonctures. Aussi, chez les latins, un homme de toute heure et un sage étaient absolument synonymes. C'est que tout se lie, tout s'enchaîne, dans l'ordre des choses humaines, aussi bien que dans les résultats que les actions des hommes peuvent avoir. Suivant les directions que les unes et les autres prennent, le savoir modeste ou l'ignorance présomptueuse, le bonheur parfait ou l'illusion d'une félicité éphémère, en sont les conséquences inévitables.

Dès son début dans le monde, l'homme a besoin de se tracer une règle de conduite qui puisse le rendre utile à la société. Dans l'exercice de la Diplomatie, qui touche de si près au bonheur du genre humain, à la félicité des nations, on ne peut trouver de garanties, de véritables sûretés, que dans l'austérité des principes et les connaissances réelles de celui qui s'y consacre.

Pour être bon diplomate, il faut avoir des qualités, bien rarement réunies ; une pénétration vive et un jugement parfait ; beaucoup de sagacité et encore plus de talents ; un air ouvert, des manières nobles et aisées ; de l'imagination et du sang-froid ; un désintéressement et une discrétion à toute épreuve ; savoir pénétrer les hommes les moins ouverts ; flatter quelquefois leur amour-propre aux dépens du sien ; avoir de la patience et de l'importunité ; être sage et ne pas le paraître toujours ; ne pas se donner spontanément pour ce que l'on est, et avoir parfois les apparences de quelques-uns des défauts que l'on n'a pas.

Un diplomate prudent et habile doit oublier son personnel et mettre de côté les petits désagréments qu'il peut éprouver, pour porter toutes ses vues, ses mouvements et ses actions, au bien de sa patrie. Lorsqu'on suit exactement ce précepte, on se garde d'instruire sa Cour de ces vains propos rapportés par des tiers ; je dirai même plus, de ceux que l'on entend, lorsqu'ils ne vont pas jusqu'à injurier la personne de notre maître. M. le marquis de Torcy fournit en cela un bel exemple d'abnégation et de noble susceptibilité : Milord Stair, ambassadeur d'Angleterre, s'étant un jour échappé, devant cet habile ministre, en propos sur Louis XIV, M. de Torcy lui dit froidement: « Monsieur l'Ambassadeur, tant que « vos insolences n'ont regardé que moi, je les ai « passées pour le bien de la paix ; mais si jamais, en « me parlant, vous vous écartez du respect qui est « dû au roi, je vous ferai jeter par la fenêtre. » La leçon était sévère, mais elle était acquise. Un bon diplomate, loin de s'abandonner à d'inconvenantes récriminations, à de mauvais procédés, doit toujours avoir devant les yeux, quelle que soit la situation des affaires, les intérêts de sa Cour combinés avec ceux de celle où il réside : la conduite opposée ne sert qu'à fomenter la discorde.

Les affaires, et ceux qui les font, comme disait très bien le duc de Nivernais, ne réussissent que par la confiance, et la confiance ne s'accorde qu'à la droiture, à l'honnêteté. On n'a pas toujours eu cette idée de la Diplomatie et des diplomates : quelques-uns ont souvent même contribué par leur conduite à accréditer un préjugé contraire. On commence à en revenir ; c'est à ceux de la génération nouvelle à l'effacer tout à fait : ils doivent songer que si la duplicité, la mauvaise foi, devaient être regardés comme permises dans leur métier, c'est un métier qu'un homme d'honneur ne devrait pas faire.

CONSEILS

A DE JEUNES DIPLOMATES.

I.

Instruction

D'UN ANCIEN AMBASSADEUR, DU XVIII° SIÈCLE,

A SON FILS.

—

Je touche, mon cher fils, à ma dernière heure; souffrez que j'emploie le peu de moments qui me restent, à vous tracer quelques préceptes, qui pourront vous être utiles dans la carrière que vous allez suivre.

Attaché depuis trente ans au ministère, j'ai souvent ébloui sans persuader, et mes succès ont été bien plus l'effet du hasard, que de la politique et de la saine raison.

Les instructions que je vous donne ici, seront tout à la fois la critique de ma conduite et la base de celle que vous devez tenir dans la place que vous allez remplir.

Persuadé de la dignité de votre titre, faites respecter l'ambassadeur, mais ne compromettez jamais la personne. Je ne veux pas dire par là que, minutieux observateur de l'étiquette ministérielle, on ne trouve en vous que l'homme du prince sans y rencontrer l'homme aimable. Quand vous verrez un ministre concentré sans relâche dans une gravité méthodique, tout plein de lui-même, et occupé des formalités accessoires de sa place, prononcez hardiment que c'est un esprit médiocre, qui n'ira jamais au grand; il saura très bien comment un fauteuil doit être placé, à qui il doit donner la main, et composer son visage à l'aspect du ministre d'une puissance ennemie, neutre ou indécise; mais toute sa pénétration, bornée au faste, ne pourra s'étendre à un Traité essentiel, en saisir l'esprit, en apprécier les motifs, et en déterminer les conséquences.

Depuis que la plupart des souverains sont convenus de n'observer que les Traités qui leur sont avantageux, on a quitté les grandes règles de la Diplomatie, et l'on a substitué la supercherie à l'étude de la politique et du droit des gens, que si peu d'ambassadeurs connaissent.

Voyez toutes les négociations du XVe et du XVIe siècle, celles que l'équité, la bonne foi, et le Code diplomatique ont cimentées, elles ont passé jusqu'à nous dans toute leur intégrité; au lieu que les Conventions des princes, qui n'ont eu pour bases que la surprise et la fourberie, sont anéanties; elles ne subsistent dans les écrits des publicistes que pour y déposer contre la gloire de ceux qui les ont signées. Il en faut excepter cependant tous les Traités conclus par Louis XI, roi de France; ce monarque, appelé par tous les auteurs de sa nation * *superstitieux* et *fourbe,*

* Philippe de Commines, l'un des serviteurs de ce prince; Mézeray, De Thou, Duclos et le président Hénault, disent que, quand Louis voulait manquer à ses serments, il croyait être à l'abri de la perfidie, en prévenant une petite image de la Vierge qu'il appelait *sa bonne dame*.

n'accorda jamais une clause de réciprocité ou d'échange, dans une négociation, qu'il n'en jurât *in petto* la violation au moment de la signature. Louis XI réussit, parce qu'il n'avait contre lui que des souverains qui avaient de la bonne foi, ou dont les forces étaient inférieures aux siennes. Ce prince qui, pour me servir des expressions de Mézeray, fut le premier qui tira les rois hors de page, ne doit point servir de modèle, parce que les succès fondés sur la violation des lois, sont toujours odieux.

Quand je lis l'histoire du siècle dernier, je suis surpris que le cardinal de Richelieu, qui avait le sens droit et l'âme élevée, ait employé, pour réussir, toutes les petites finesses qu'un esprit médiocre met en œuvre; la sublimité de son génie, et les grands hommes qu'il trouva à son avénement au *trône* (c'est ainsi qu'on doit appeler le ministère de Richelieu), auraient dû lui épargner toutes les souplesses dont il se servit, et qui devaient répugner à la hauteur de son caractère et de ses sentiments. Je crois, mon cher fils, trouver les motifs de la conduite du cardinal, dans les inquiétudes qui agitèrent son ministère: son autorité l'avait rendu odieux. Que cela ne vous étonne point: tout homme élevé par ses dignités ou par son mérite au-dessus des autres, encourt indubitablement la haine des sots, qui forment la moitié de l'univers et les deux tiers des Cours. La vie de Richelieu fut exposée à une infinité de conjurations toujours terrassées et toujours renaissantes, et l'embarras et le soin de conserver tout à la fois ses jours et sa faveur, ne lui permettant pas d'employer les grands moyens pour réussir, il fut toujours obligé de faire jouer de petits ressorts, qui le menèrent à son but par des voies obliques.

Mazarin lui succéda; et malgré l'étalage pompeux que

le président Hénault fait des talents de ce premier ministre, Mazarin ne pouvait pas être un grand homme : il était avare. Indépendamment de ce vice pernicieux dans une place supérieure, le cardinal n'avait pour lui que l'art de feindre : rampant et petit, quand il doutait du succès, il n'était orgueilleux que quand il avait réussi. Tout plein de cette astuce italienne qui le caractérisait, il avait l'art de tromper, misérable talent qui décèle la fourberie et la médiocrité.

Il y a cependant, mon fils, deux époques glorieuses dans le ministère du cardinal Mazarin ; mais, si vous réfléchissez sur les objets qui occupaient alors l'Europe, et si vous rapprochez les événements des circonstances, vous verrez que le Traité de Westphalie et la paix des Pyrénées contribuèrent peu à la gloire de ce cardinal. Les qualités éminentes du comte d'Avaux firent l'un, et la mauvaise foi de Mazarin signa l'autre. Don Louis de Haro, génie éclairé et négociateur très supérieur au ministre français, fut trompé, parce qu'il avait de la bonne foi et qu'il crut que la renonciation à la succession d'Espagne était réelle. Philippe IV, son maître, prince borné, appela la renonciation une *Petaradas*, et il devina juste ; pourquoi? c'est qu'il pensait en roi et que son ministre avait raisonné en homme. Fuyez donc ces détours subtils, qui décèlent la sécheresse de l'esprit et ôtent à la fin la confiance.

Un ministre des Affaires étrangères écrivait à un ambassadeur de sa Cour ; « *Promettez toujours ; mais nous ne tiendrons rien.* » Celui-ci, qui connaissait ses forces, et qui devait moins encore à l'étendue de ses talents qu'à sa probité, la réputation dont il jouissait, répondit : « *Je ne* « *promettrai point, parce que je ne veux pas me déshonorer ;*

« *vous ne tiendrez rien, puisque je ne vous engagerai point;* « *mais je réussirai sûrement avec de la bonne foi; voilà ma* « *seule finesse : si vous voulez en employer une autre, rap-* « *pelez-moi, parce que je ne veux pas perdre dans un instant* « *le fruit de vingt années de travaux et de confiance.* » Il est à remarquer que celui qui s'expliquait de la sorte n'a échoué dans aucune négociation ; ses succès le firent appeler au ministère ; il eut la faiblesse d'accepter cette place, et la honte de ne pouvoir s'y soutenir, parce que son esprit, porté vers un seul objet, le remplissait parfaitement ; mais l'étendue de la machine et la quantité de ressorts qu'il fallait faire mouvoir dans toutes les branches de son département, le rebutèrent : il voulut substituer la finesse et la séduction aux grands principes ; il dérangea l'État en payant des espions et en achetant des créatures dans toutes les Cours ; chacun le trompa, parce qu'il voulait tromper, moins par mauvaise foi que par l'impuissance où il était de réussir par d'autres moyens ; aussi fut-il forcé de quitter sa place, chargé de la haine de sa patrie et du mépris des étrangers.

Que cet exemple soit toujours devant vos yeux !

Que d'empires sauvés ! que de batailles gagnées ! si des guerriers, excellents pour conduire 10,000 hommes, n'avaient pas trop présumé de leurs forces, en se chargeant du commandement d'une grande armée ! Fardeau que la vanité allége aux yeux de celui qui doit le porter, mais qui n'en a pas moins un poids réel, que la médiocrité ne peut soutenir.

Il en est, mon cher fils, de la partie politique du gouvernement comme de la partie militaire ; tel peut suivre avec intelligence l'esprit d'une Cour dans laquelle il est concentré, qui échouera quand il voudra étendre sa négociation et porter ses vues plus loin.

Connaissez-vous, et n'embrassez que les objets que vous pouvez remplir dignement : j'ai vu toutes les Cours, et, au moment où j'écris cette instruction, je ne connais que trois hommes en Europe capables d'être à la tête du département des Affaires étrangères dans un vaste royaume. Vous voyez par là, que je ne veux point vous parler des petits princes d'Allemagne et d'Italie ; le train de leur domination se remonte comme une pendule à laquelle on rend l'activité quand les poids affaissés suspendent le mouvement des ressorts.

Lorsque je vous ai recommandé, plus haut, de fuir, dans les négociations dont vous serez chargé, tout ce qui tient au subterfuge et à la finesse, je n'ai pas prétendu vous dire par là de renoncer à l'art de cacher votre secret en cherchant à pénétrer celui des autres : il y a des occasions où il est essentiel de mettre en avant une proposition singulière, chimérique, et quelquefois révoltante, pour juger, par l'impression qu'elle fait sur celui qui l'écoute, de l'esprit et de l'intention de sa Cour. Le marquis des Essarts, homme de beaucoup de sens et de talent, disait, en parlant de cette manière de se conduire : « *C'est jeter une sottise à terre* « *pour voir qui la ramassera.* » Ces procédés sont des ruses de l'art, qu'on peut employer sans être taxé de perfidie ; ce sont enfin de ces finesses que le plus fameux des poëtes latins met à côté du talent : *Dolus an virtus.....* Le soin de composer sa physionomie doit sans doute entrer dans l'art du négociateur ; mais un homme supérieur saura se soustraire à cet apprentissage puéril quoique nécessaire, s'il conserve toujours le même visage, gai ou triste, serein ou flegmatique : « *Le comte duc d'Olivarès*, écrivait « un Français qui était à Madrid, *n'a jamais changé de vi-* « *sage; que les Espagnols soient battus ou vainqueurs, sa* « *physionomie est la même ; heureux ou malheureux, il ne* « *sourcille pas, et jamais visage ne fut moins baromètre que* « *le sien.* » Croyez, mon fils, que de pareils ministres, qui joignent une sage discrétion à cette égalité d'humeur, seront toujours impénétrables, et que le secret que les ambassadeurs étrangers croient leur arracher, n'est qu'une chose qu'il est essentiel qu'ils sachent pour l'honneur de celui qui fait la confidence.

Les Espagnols, que le climat et l'orgueil rendent flegmatiques, se laissent rarement deviner, pénètrent sans peine ceux qui veulent les approfondir, et ils ont déjà votre secret quand vous cherchez encore le leur.

Le talent ne consiste pas dans le flegme, mais une présence d'esprit taciturne, réunie au mérite, contribue beaucoup au succès et triomphera toujours, à coup sûr, de cet esprit volatil et superficiel, qui consiste dans un assemblage de grands mots, qui annoncent moins un politique qu'un homme fastueux, qui croit que l'Europe doit être tranquille quand il a dit gravement : « *Le Roi, mon* « *Maître.* »

Gardez-vous d'avilir jamais votre dignité, mais n'allez pas donner dans une autre extrémité, en affectant toujours de vous monter sur des échasses, et de compromettre votre souverain, en le plaçant partout : soyez ministre dans le cours des affaires soumises à votre discernement; mais ne prenez point le ton d'un ambassadeur dans la société, où vous êtes entraîné par la nécessité de vous distraire du travail et de chercher de l'amusement.

La gravité ministérielle est un fardeau qui devient incommode à mesure que vous le portez mal à propos. J'ai vu, à la Cour de Turin, un ambassadeur qui ne prenait jamais son chocolat, que son maître d'hôtel, qui l'apportait, ne fût précédé de deux écuyers et suivi de vingt valets de pied : ce pénible service était à peine fini, que le ministre, éconduisant d'un geste toute cette valetaille, se plaignait du joug superbe auquel sa dignité l'asservissait; grimace dont personne n'était la dupe, parce que l'on ne plaint point un homme qui se met lui-même dans les fers *.

Evitez aussi ces cérémonies d'éclat qui, tenant de la souveraineté, sont au-dessus de la qualité d'un représentant dont les fonctions sont toujours motivées, quoique subordonnées aux circonstances; n'allez pas non plus imiter cet ambassadeur qui, voulant parodier son maître dans une cérémonie respectable, lavait tous les jeudis saints les pieds de douze pauvres; acte apparent d'humilité, qui affichait l'orgueil le plus ridicule.

Respectez les lieux où vous êtes : le représentant d'un souverain, que dis-je? un souverain même ne peut, dans une Cour étrangère, exercer aucun acte d'autorité sur ses propres sujets.

L'ambassadeur d'une certaine puissance fit pendre à Constantinople, vers le milieu du siècle dernier, un de ses gens dans la cour de son palais. Le grand vizir ne s'en plaignit point, parce qu'il dit que c'était un chrétien de

* Tel on a vu depuis un ridicule envoyé qui se donnait des airs de prince avec une fortune mal acquise, fils d'un clerc de village, que l'intrigue et le hasard avaient fait petit ministre d'une modeste puissance, ne recevoir de lettres et de journaux que présentés sur un plateau d'argent par un estafier chamarré, chargé tout exprès de ce service extravagant.

moins; mais si cet attentat avait été commis dans toute autre Cour de l'Europe, il aurait pu entraîner une guerre dont la tête de l'ambassadeur aurait répondu.

Je sais, mon fils, que des ministres ont prétendu établir la validité du droit de juger leurs gens; mais ils ont eu tort : je vous renvoie, pour n'en pas douter, à ce qui arriva sous Louis XIV, lorsque cette princesse trop fameuse, qui quitta la religion de ses pères par inconstance et le trône par singularité, viola l'asile que le monarque français lui avait donné à Fontainebleau. Christine condamna à mort le marquis Monaldeschi, son premier écuyer, et le fit périr dans la salle des Cerfs, où les murs, teints encore du sang de ce malheureux, déposent contre la reine de Suède.

Le roi très chrétien, instruit de cette forme illicite de procéder, priva Christine de la retraite honorable qu'il lui avait donnée, et lui fit savoir qu'aucun souverain n'avait le droit de juger, encore moins de faire exécuter, un de ses sujets dans les Etats d'un tiers. Un prince moins modéré aurait pu ajouter, que Christine ne régnait plus, et qu'elle venait d'agir moins en reine qu'en femme galante, qui termine une intrigue amoureuse par un assassinat *.

Si la prérogative de condamner n'appartient point à un souverain hors de sa domination, je demande s'il est possible qu'un ambassadeur puisse raisonnablement la réclamer?

Vous serez toujours certain de ne point vous écarter des maximes reçues, quand, joignant l'intelligence que je vous connais, à l'étude du droit des gens, vous pèserez

* Voir *la lettre A de l'*Appendice.

d'une main équitable les principes que Puffendorf, Grotius, et quelques autres publicistes modernes, ont établis sur le droit des nations combiné avec celui de la nature.

Une intelligence supérieure, un esprit vrai et indépendant de tous les préjugés, la connaissance du droit des gens, et surtout une étude réfléchie du Code diplomatique et de tous les Traités, voilà, mon fils, tout ce qu'il faut pour former un ministre accompli. S'il ne faut que cela, direz-vous sans doute, pourquoi voit-on si peu de bons ministres?

Ma réponse vous compromettrait, et quoique l'état languissant où je me trouve doive me mettre bientôt à l'abri de tout ressentiment des vivants, je me tais par considération pour vous; sachez cependant, qu'il y a au moins dans l'Europe trois hommes d'État dignes des principales places qu'ils occupent à la Cour de leurs maîtres, et que l'on compte aujourd'hui dans l'univers policé douze représentants de leurs souverains, capables de négocier utilement, et d'honorer à la fois leurs nations et leurs places. Le nombre en serait plus considérable si les événements pouvaient être subordonnés aux principes; mais ils sont presque toujours au-dessus des lois écrites, et, privés alors des ressources que les préceptes fournissent, il faut qu'un ministre ait une certaine supériorité de génie pour se décider d'après lui-même, et pour prendre un parti décisif dans l'objet soumis à sa sagacité.

Faites un bon choix des livres relatifs à vos fonctions, mais n'allez pas errer par excès de bonne foi, en vous rapportant vaguement aux titres des ouvrages qu'on vous présentera.

Gardez-vous bien aussi de recevoir de ces aventuriers qui

savent s'impatroniser dans les maisons des ambassadeurs, pour trouver, à l'abri de cet appui, les moyens de faire des dupes, se déshonorer et vous compromettre.

L'inconvénient dont je vous entretiens est moins commun depuis que l'usage a été introduit de ne recevoir que des personnes munies de lettres du ministère des Affaires étrangères ; cette précaution a produit deux avantages aux ambassadeurs : 1° en ce qu'elle écarte de leur table une foule de parasites, qui, pour être nés à Vienne, à Paris ou à Madrid, croient avoir un couvert fondé chez l'ambassadeur de leur nation ; 2° en ce qu'elle évite des désagréments à un représentant sujet à être trompé, et par conséquent à se compromettre.

Il ne faut pas, cependant, qu'une circonspection trop grande vous rende inaccessible aux sujets de votre maître, auxquels vous pouvez être utile ; jugez, pour les protéger, de leur mérite, de leur honnêteté plutôt que de leur naissance, et ne leur faites point acheter par des bassesses et des humiliations, l'avantage que vous avez de pouvoir les servir ; souffrez encore moins que vos secrétaires ou vos serviteurs vendent vos bons offices, comme cela se pratique chez plus d'un ministre, et ne permettent à un homme de votre nation de changer de climat, qu'en lui faisant payer d'avance l'air qu'il doit respirer ailleurs : je veux parler des passe-ports et des *visa*, au bas desquels presque tous les ministres ont soin de faire mettre le mot *gratis*, et que beaucoup de secrétaires font payer malgré cette précaution. Veillez donc attentivement sur cet abus, parce que les supercheries qui se font chez vous, compromettent votre personne et avilissent votre caractère.

N'allez pas surtout, plein d'un orgueil déplacé, vous

effaroucher d'un mot, et quitter votre ambassade de votre propre mouvement; un ministre ne doit point abandonner la Cour auprès de laquelle il est envoyé, que le roi son maître n'ait été insulté dans sa personne, et que l'on n'ait point réparé l'insulte. Telle fut la conduite du duc de Créqui avec Chigi, pape sous le nom d'Alexandre VII. Le pontife, victime de l'insolence du prince Mario, son neveu, osa manquer à Louis XIV, qui respecta l'Eglise et mortifia Rome, en la forçant de venir s'humilier à Versailles; ce qui a fait dire que *les Français baisaient les pieds du pape, et savaient lui lier les mains*. Ayez toujours le duc de Créqui devant les yeux, et songez que vous ne pouvez décemment vous éloigner, que dans des circonstances équivalentes à celles que je viens de citer, c'est-à-dire lorsque la dignité du souverain est vivement attaquée dans son représentant *. N'allez jamais immoler la gloire de votre caractère à un premier mouvement.

Il faut que la prudence qui guide vos actions règle pareillement vos paroles : le représentant d'un roi n'est pas un souverain : il ne faut jamais franchir tout à fait l'intervalle qui vous sépare du trône du prince auprès duquel vous êtes accrédité. Quand je vous recommande une extrême tempérance dans vos actions et dans vos propos, je ne prétends pas que vous essuyiez, sans répliquer, la mauvaise humeur ou les bons mots d'un souverain.

Un prince d'Italie, à qui les saillies ne réussirent jamais, parce qu'il y mettait plus d'aigreur que d'esprit, étant un jour sur un balcon avec un ministre étranger qu'il cher-

* Voir *la lettre* B *de l'*APPENDICE.

chait à humilier, lui dit : « C'est de ce balcon, qu'un de « mes aïeux fit sauter un ambassadeur. » — « Apparem « ment, répondit sèchement le ministre, que les ambas- « sadeurs ne portaient point l'épée dans ce temps-là. » La repartie était vive ; mais le prince avait bien mérité qu'on la lui fît, parce qu'en voulant manquer à un seul homme, il avait offensé les représentants de toutes les puissances.

Souvenez-vous, si vous vous trouvez jamais dans le cas de répondre à des saillies, de consulter auparavant votre naturel, et de ne vous livrer à un bon mot, que quand vous vous apercevrez que le projet du souverain qui vous adresse la parole, a été de vous attaquer personnellement.

Un roi du nord qui passa pour cruel, demanda un jour à un ambassadeur d'Angleterre s'il haranguerait le peuple, en cas qu'on le pendît ou qu'on lui tranchât la tête. Le ministre, sans se déconcerter, répondit, *qu'il avait toujours son discours prêt, et ses gants blancs dans sa poche.* « Je voudrais bien vous entendre, repartit le monarque. »

L'ambassadeur s'étant mis alors dans l'attitude d'usage, parla ainsi : « Vous me voyez, Messieurs, au moment de « perdre le jour ; je ne regrette point la vie ; mais « je vois avec peine, que ceux qu'on ne devrait connaître « que par des actes d'humanité et de bienfaisance, vien- « nent jouir avec avidité d'un spectacle cruel, qu'ils ont « mendié : ces scènes tragiques sont faites pour la barbare « populace ; mais les cœurs vertueux et sensibles de- « vraient rougir d'entendre de sang-froid....... » — « En « voilà assez, Monsieur l'Ambassadeur, » dit le roi, qui reconnut alors que le but de la harangue était de lui reprocher une curiosité qui le dégradait. Ces manières de faire sentir votre ressentiment à un prince qui a voulu vous humilier, sont tolérables, quand on ne les emploie qu'avec discrétion, et dans des cas indispensables.

Je dois aussi, mon cher fils, vous recommander de ne point avilir votre place, en faisant des dettes, et surtout de celles qui font crier le petit peuple; mesurez votre dépense et vos plaisirs sur vos revenus, et n'imitez point ces ministres dont l'antichambre n'offre, aux yeux des étrangers, que des usuriers et des saltimbanques qui, se voyant préférés aux honnêtes gens, jouissent avec insolence des premiers moments de l'audience: bannissez les usuriers, estimez les comédiens qui auront des mœurs, ne voyez les autres que sur les planches, et n'allez point traîner *l'Excellence* dans les loges des actrices, qui riront de votre bonhomie avec le fat qui vous supplante.

Ne donnez jamais prise aux épigrammes du public en vous extasiant sur les talents d'une actrice ou d'une danseuse, au point de faire cabale et de former un parti en sa faveur; ces extravagances ne conviennent qu'à des freluquets, qui vont acheter, par ces singularités déshonorantes, les faveurs d'une fille de spectacle, qui prend tout au défaut d'argent comptant.

Je sais, mon cher fils, qu'un négociateur habile ne regarde pas comme purement frivole le commerce avec les femmes. Il est des pays où elles ont une influence directe dans les affaires, et d'autres où elles en paraissent exclues, mais où leur ascendant n'en est peut-être que plus puissant. Le prince qui règne, le ministre qui gouverne, sont souvent asservis à l'empire d'une beauté. Quand même le souverain serait insensible aux attraits de l'amour, ou trop jaloux de son autorité, trop prudent, trop sage pour la partager avec une compagne vertueuse ou avec une maîtresse séduisante, ses ministres, ses généraux, ses favoris, ses conseillers, en un mot, tous ceux qui l'environnent, sont-ils exempts de faiblesses? La politique puise ses préceptes dans la nature. Elle dit que, tant que la terre sera habitée par deux sexes différents, ils auront toujours la même prière à se faire et la même reconnaissance à exiger de leur complaisance mutuelle. Un tendre sentiment est payé quelquefois par une confidence sérieuse, par une insinuation écoutée, par un conseil demandé ou suivi dans une affaire importante. Les objets les plus graves ne sont souvent portés dans les cabinets des princes les plus austères, qu'après avoir passé par la bouche des femmes, et il serait rare qu'un négociateur qui aurait le sexe en général contre lui, parvînt à réussir. Vous devez donc tâcher de plaire aux dames qualifiées, par toutes sortes de politesses, de prévenances et d'attentions; mériter leur estime et leur amitié par une conduite également sage et agréable; former avec elles des liaisons qui pourront vous devenir utiles, lorsque vous saurez profiter de leur habileté comme de leur bienveillance. L'ambition séduit les unes, l'intérêt gagne les autres, la coquetterie flatte les troisièmes; mais souvenez-vous que toutes, ou presque toutes, vous tendront des piéges, dont vous devez vous garder.

N'imitez pas ce *Mondoris*, que les coquettes appellent, par excellence, le *galant Ambassadeur*, et les sages l'*Ambassadeur des boudoirs*. Vous diriez, en effet, qu'il est accrédité aux toilettes. Les beautés les plus célèbres de la ville ont à peine quitté le duvet, que *Mondoris* se présente pour rendre hommage à leurs charmes. La nymphe des modes préside à sa parure; il suit tous ses changements et tous ses caprices. Brillant comme le soleil, frisé, coiffé comme un héros de théâtre, exhalant l'ambre, la bergamotte et le jasmin, il se jette dans un carrosse étincelant de luxe, ses coursiers couverts de riches harnais partent comme l'éclair. *Mondoris* vole de porte en porte et de belle en belle. Il étale partout des perfections de la nature et de l'art. Tantôt il présente une jambe faite au tour, et couverte d'un bas de trame de Perse, merveilleusement bien tiré; tantôt il pirouette sur un pied, pour faire apercevoir l'élégance de sa taille, ou l'effet de la broderie qui enrichit son habit. *Mondoris* est fameux par son goût; il devient l'arbitre de la parure des dames et le directeur de leurs emplettes. *Mondoris* se pique d'une propreté extrême; deux brosses à manches d'ivoire ou d'écaille artistement travaillés sortent successivement de ses poches, et servent de contenance à ses doigts délicats. L'une est destinée à relever sa chevelure que le jeu de sa tête dérange incessamment, l'autre est pour nettoyer les brillants de ses ordres et de ses bagues. Un ambassadeur qui fait tant pour plaire au sexe, ne peut que réussir. Il gagne tous les cœurs, il acquiert un crédit immense pour l'arrangement de toutes les parties de plaisir. Nulle bonne fête sans lui : il joue fort gros jeu, perd des sommes considérables, et se ruine de la meilleure grâce du monde. Il appelle cela faire honneur à sa nation. Tant de puérilités néanmoins absorbent le temps dû aux affaires; les fonctions sont pour lui l'accessoire. Il ne s'en occupe que dans les intervalles de loisir que lui laissent ses conquêtes, son jeu et ses dissipations. *Mondoris* sera rappelé. Vous le verrez partir accablé de dettes, regretté des femmes frivoles, méprisé des hommes sensés, maudit de ses créanciers et disgracié par son maître.

Sachez, mon fils, que les querelles qui s'élèvent entre deux ministres, pour des objets qui n'ont aucune analogie avec leur mission, ont souvent brouillé leurs maîtres, parce que l'ambassadeur le plus honnête, ne pouvant écarter la prévention qui l'anime contre celui à qui il croit avoir des torts à imputer, n'épie plus ses démarches de sang-froid, et leur donne, aux yeux de sa Cour, une tournure qui, aigrissant les esprits, engage à des partis violents.

N'allez pas imiter ces merveilleux qui courent le matin en habit de rustauds, déguisement maladroit qui devient leur vêtement de caractère; ces travestissements de portefaix peuvent aisément vous faire méconnaître; un homme du peuple, qui vous prend pour son égal, vous manquera : le gouvernement auquel vous porterez vos plaintes, ne punira point un particulier qui ne pouvait deviner un ambassadeur sous la souquenille d'un matelot, et vous aurez le désagrément d'avoir été insulté et d'être blâmé ensuite.

La même dignité qui doit régler toutes vos démarches, ne veut pas que vous fréquentiez ces maisons ouvertes aux joueurs, dans lesquelles la bonne foi succombe sous les coups de l'adresse. Si vous êtes soupçonné, vous êtes perdu; en vain chercheriez-vous à vous justifier en produisant des témoignages qui attesteraient votre probité : un homme en place est déshonoré dès qu'il est forcé de donner son apologie dans un cas aussi grave; si je connaissais moins vos sentiments je vous rapporterais ce qui est arrivé à un ministre, le plus chétif et plus opulent de tous ceux qui sont répandus dans l'atmosphère des Cours *.

Je croirais manquer à vos sentiments, si je vous entretenais ici des dangers d'une passion aveugle et d'une alliance déshonorante ; la place que vous occuperez ne vous mettra jamais au-dessus des règles reçues, et si vous osiez vous marier sans le consentement de votre maître, vous perdriez votre état, votre fortune et la considération attachée à l'un et à l'autre.

Si vous voyez que le parti de votre maître soit balancé dans la Cour où vous résidez, faites-vous des partisans ; mais, sage dans vos choix, prenez des gens dont les mœurs ne soient pas suspectes, et gardez-vous de faire donner des pensions qui chargent l'Etat, à ces aboyeurs téméraires qui se font un jeu de votre simplicité et vous trahissent en mangeant l'argent de votre prince.

J'espère aussi que vous ne suivrez point l'exemple de ces héros de salons qui croient avoir acquis une célébrité guerrière, parce qu'un écrivain famélique, soudoyé dans sa mansarde pour en imposer, les représente couverts de poussière et de sang, portant partout l'épouvante et la mort, dans le temps qu'éloigné du champ de bataille, ils s'enivrent paisiblement à l'abri des dangers, et que les chevaux qu'on fait tuer sous eux sont pleins de vigueur, et donnent en hennissant un démenti à l'extrait mortuaire des gazettes.

Concluez, mon fils, de ce que je viens de vous dire, que vous ne devez pas imiter ces ministres minutieux qui,

* Le ministre qui a donné lieu à cet article, loin de recevoir des honoraires du prince dont il était l'organe, faisait le négociateur à ses dépens : il envoyait tous les ans un habit de chaque saison au grand maréchal de la Cour de son maître.

n'ayant pour occupation que la lecture des papiers publics, font des gazettes une *affaire d'État*, prennent ces pamphlets périodiques pour des oracles, et partent de là pour assommer le ministère de leur Cour de réflexions vides et puériles, qu'on enveloppe dans de grands mots; qui veulent afficher le politique, et qui ne montrent aux connaisseurs qu'un observateur désœuvré, qui cherche à se rendre nécessaire pour perpétuer, dans l'apparence du crédit, une inutile Excellence.

Je connais de ces diplomates à gazettes, qui se font un point capital en négociation, de remplir les feuilles périodiques de la prétendue protection qu'ils accordent aux gens de lettres, dans le temps qu'ils les avilissent pour prévenir le mépris dont ceux-ci accableraient leur fastueuse imbécillité; ou des fêtes qu'ils donnent et dans lesquelles le complaisant gazetier, réunissant le goût à la délicatesse, arrange de lui-même un repas imaginaire, et fait gagner, à une table *en fer à cheval*, des indigestions à beaucoup d'honnêtes gens qui n'ont point mangé!

J'ai eu cette orgueilleuse manie comme un autre; elle a excité la générosité de notre Cour, qui a payé plus d'une fois mes dettes d'après le détail pompeux des gazetiers, que je payais, et dont je faisais passer les gages dans le tableau des dépenses secrètes : les gens qui m'examinaient de près m'ont berné. Évitez donc ces petites supercheries, si vous voulez ne pas mériter les reproches que j'ai essuyés plus d'une fois, et, fuyant une gloire misérable et chimérique, ne prenez jamais les papiers publics pour vos fastes. Si vous voulez mêler votre nom à la multitude, que ce ne soit, mon fils, que pour la gloire de votre prince et le bonheur de la patrie.

N'allez pas, entêté dans vos préventions, rejeter la vérité qu'on vous présentera, et ne persécutez point un honnête homme qui démasquera les fourbes et les ignorants que vous protégez. Aimez tous les talents; accueillez ceux qui sont utiles; mais ne vous laissez jamais surprendre par des impudents, qui vous en imposent sur des livres qu'ils n'ont pas faits, ou sur des monuments qu'ils n'ont point élevés, et vous engagent à de fausses démarches, dont vous êtes tôt ou tard contraint de vous repentir aux yeux de votre Cour, surprise de vous voir la dupe des fripons et des sots, que vous n'auriez pas protégés si vous aviez voulu les connaître *.

Voilà, mon cher fils, tout ce que le temps me permet de vous écrire; votre esprit suppléera à ce que j'ai omis, et votre juste défiance vous garantira des piéges dans lesquels je suis tombé.

Voir *la lettre* C *de l'*APPENDICE.

II.

Lettre de M. Caillard,

ANCIEN MINISTRE PLÉNIPOTENTIAIRE A RATISBONNE ET A BERLIN,

A M. Hippolyte de C.....,

Son jeune ami,

Qu'il avait fait nommer premier secrétaire d'ambassade.

Paris, le 24 pluviôse an X.

Il est juste, mon cher Hippolyte, qu'après vous avoir encouragé à accepter la place que vous allez remplir à..., je m'empresse de vous satisfaire en vous traçant les conseils dont vous croyez avoir besoin pour assurer vos succès, tant dans le pays que vous allez habiter que dans celui que vous quittez.

Je ne vous parlerai pas de la politique générale de..... par rapport aux différents Etats de l'Europe et à la France en particulier. Les lectures qui vous ont occupé depuis votre nomination jusqu'à ce jour, vous en ont appris plus même que je ne pourrais vous en dire, car les *vieux* politiques n'ont que les vieilles notions, et c'est surtout l'état présent que l'on vous demande.

On vous demande cet *état présent,* parce que depuis environ dix années nous n'en avons aucune notion certaine et que nous avons besoin d'en avoir une connaissance exacte, pour entendre parfaitement, et dans leur vrai sens, les nouvelles courantes qui rempliront les dépêches du général. Appliquez-vous donc à dresser de votre mieux cet *état présent*, qui n'est pas une petite affaire, c'est en quoi vous pouvez puissamment aider votre ministre.

Pour cela vous devez y travailler chacun de votre côté, et dans le même temps, mais il faut y procéder avec méthode. Ainsi vous ferez tous les soirs un petit état des questions que vous vous proposez d'éclaircir le lendemain. (Je suppose que vous commencerez par former des liaisons avec ceux qu'une identité de vues et d'intérêts rangera naturellement de votre côté, et qui, par leur esprit et surtout par leur caractère, vous promettront une ample moisson de connaissances certaines.) Il vous sera facile d'amener dans la conversation vos questions d'une manière d'autant plus naturelle qu'elles seront attribuées à une curiosité de nouveau venu tout à fait bien placée.

Vos questions seront simples et point enchevêtrées l'une dans l'autre. N'en faites jamais deux à la fois; si l'on pouvait y satisfaire par un simple *oui* ou *non*, ce serait la preuve qu'elles seraient parfaitement bien posées. N'épargnez pas la peine, mon cher Hippolyte, pour atteindre ce degré de simplicité, qui, dans ce genre, est le comble de la perfection. Quand vous êtes rentré chez vous, commencez par écrire les réponses à côté des demandes, et préparez vos questions pour le lendemain, et vous continuerez suivant le système de la veille, jusqu'à ce que votre collection de *faits* soit entièrement complète.

Je ne vous trace ici que la méthode générale dont vous

pouvez faire l'application dans toutes les circonstances de votre séjour en.......

Pour que ce système réussisse complétement vous devez avoir l'attention de consulter, par-dessus tout, les convenances générales et celles de votre interlocuteur en particulier. S'il était distrait, s'il avait de l'humeur, s'il avait un accès de taciturnité, il faudrait retirer entièrement vos questions, changer de propos et attendre un moment plus favorable. Mais vous écarterez tous ces obstacles en gagnant la confiance de votre homme, et il vous sera presque toujours facile d'y parvenir. En général, la confiance s'achète par la confiance. Ne craignez donc pas d'en marquer à celui qu'il vous importe de mettre dans vos intérêts. Ne craignez pas de lui faire des confidences auxquelles il attachera un grand prix et qui sont sans conséquence pour vous. Faites-lui valoir de ces nouvelles qu'il apprendrait également huit jours après par les papiers publics, et soyez très persuadé que si vous le mettez en état de placer dans sa dépêche un fait qu'il croira entièrement neuf pour sa Cour, il vous en saura un gré infini, et ira quelquefois au-devant de vos questions en vous apprenant plus que vous ne lui en demanderez. Surtout point de recherches, point d'affectation; le naturel, la simplicité, le grand air de franchise et de la bonne foi, voilà ce qui lie les hommes, et qui vous les attache, quand ils sont bons et vrais, et ce qui les déroute le plus souvent, quand ils sont faux et intrigants.

Quand vous aurez acquis les matériaux d'un bon mémoire, vous les comparerez à ceux que le général aura, je suppose, amassés de son côté par une méthode analogue. Vous les corrigerez les uns par les autres, et de cette comparaison il en résultera un ouvrage fait pour éclairer le gouvernement, et dont on vous saura certainement très grand gré.

Comme il ne serait pas praticable de dresser un mémoire qui embrasserait l'universalité du gouvernement...., vous partagerez la besogne en cinq ou six parties, plus ou moins. Une sera destinée à nous donner une idée nette de l'existence politique de ...., de la portion de pouvoir attribuée aux différentes autorités, et surtout au...., qui paraît aujourd'hui constitué sur des principes très différents de ceux sur lesquels il était établi au temps de .... Alors les .... n'étaient qu'un troupeau d'esclaves, et on a entendu dire à l'un des principaux d'entre eux, que « si, « dans l'examen d'une cause il avait une connaissance cer« taine de l'opinion de ...., il ne se croirait pas permis « d'avoir un avis différent. » Le sénat romain sous Tibère n'était assurément pas pire. On a des raisons de croire qu'il en est tout autrement aujourd'hui, et il nous importe de connaître au juste la démarcation de ses pouvoirs.

Un autre mémoire présentera l'état militaire, sans exagération ni dépréciation ; le nom des généraux qui annoncent du talent et jouissent d'une réputation méritée ; l'état de la discipline militaire, etc. — Un troisième, l'état de la marine ; un quatrième, l'état civil, le nombre et la constitution des gouvernements, des différentes autorités..., etc. —Un autre sera consacré au commerce, aux douanes, en quoi R.... vous sera très utile, et vous réserverez pour le dernier de tous, les portraits de la Cour et des ministres, ainsi que l'appréciation du degré d'influence de chacun d'eux en particulier dans les affaires générales, et leurs affections personnelles envers les différents peuples de l'Europe. Il importe surtout de connaître leurs dispositions envers les grandes puissances, sans oublier la Porte Ottomane; car il est curieux de rechercher s'il reste encore dans les esprits quelques germes de l'ancien système de l'empire d'Orient, qui a été l'éternelle folie du règne trop célèbre de..... Je dis que c'est ce mémoire que vous garderez pour le dernier, parce que c'est celui-là qui demande une observation plus longue et des données plus certaines, qui ne peuvent s'acquérir dans le court espace de quelques mois.—Je crois que le général fera bien d'annoncer ici le plan de ce travail de bonne heure; car si le courant laissait, par hasard, quelque vide dans la correspondance, comme on en verrait les motifs, l'espérance d'en être amplement dédommagé par la suite, préviendrait un jugement trop sévère et trop précipité, en même temps qu'il montrerait dans le général un ministre au-dessus du vulgaire, et qui ne croit pas remplir sa tâche en travaillant au jour le jour.

Pour vous particulièrement, mon cher Hippolyte, j'ai peu de chose à vous recommander : Abandonnez-vous à l'heureux caractère que la nature vous a donné, et soyez sûr de vos succès. Vous êtes observateur, vous êtes laborieux et vous avez le goût de votre métier; que faut-il de plus ? Soyez toujours bon et simple, questionnez, mais n'assassinez pas de questions, car l'assassinat est puni en... comme ailleurs; ne vous laissez pas non plus assassiner comme une innocente victime, et pour cela apprenez le grand art de rompre les chiens, en répondant à une question par une autre question, ou par une réponse oblique, ou en laissant tomber à plat une question importune, ou par un simple *je l'ignore*. Surtout corrigez-vous d'une mauvaise habitude que je vous ai connue jadis, celle de rougir à une question à laquelle vous voulez échapper, et qui en est l'aveu. Quand vous vous serez rendu maître de votre physionomie au point qu'elle n'ose plus vous trahir, vous serez, mon cher, un politique accompli.

Conservez-vous dans l'habitude d'écrire tous les jours; faites un journal exact de tous les événements qui se passeront sous vos yeux, grands ou petits, n'importe; tout ce que vous entendrez dans les sociétés doit y trouver place. Vous n'imaginez pas combien ce recueil vous deviendra intéressant un jour, indépendamment de l'utilité que vous en tirerez pour la besogne politique. Vous devez écrire sur des feuilles séparées et d'un seul côté, la feuille pliée en tiers de marge pour recevoir des corrections ; toutes ces feuilles numérotées exactement pour les mettre en ordre. Par cet arrangement vous pourrez faire les changements que vous voudrez sans être obligé de recopier votre manuscrit. Il suffira de retrancher la feuille que vous voulez changer pour en substituer une autre, ou deux, ou trois, suivant l'exigence des cas. Les feuilles intercalées portent le même numéro que la feuille réformée, avec l'indication *bis*, *ter*, etc. Vous ne pouvez imaginer combien de peines et de temps vous épargnerez par cette pratique qui a toujours été celle de Morellet, et qu'il a pris la peine de publier dans son *Prospectus* *.

* Prospectus d'un nouveau Dictionnaire de commerce. *Paris*, 1769, 1 *vol. in*-8°, IIIe partie, pages 359 et suivantes.

Suivant la méthode tracée par feu M. le comte d'Hauterive, dans ses *Conseils à un jeune voyageur*, que nous avons reproduits avec des corrections essentielles dans notre *Guide diplomatique*, « Il faut couper un grand nombre de feuillets de papier *tellière* en quatre parties, et les destiner à recevoir des notes écrites sur tout sujet donné et à tout mo-

Quant à moi, je vous prie de m'envoyer des bulletins de nouvelles, toutes celles qui peuvent être lues à..... même, sans vous compromettre en rien. Envoyez-moi aussi régulièrement les observations météorologiques telles que vous les trouverez dans la *Gazette Allemande* de.... Vous pouvez même, pour vous épargner la peine de copier, m'envoyer le numéro de la gazette qui présente ces observations.

J'aurais encore une commission à vous donner relativement à mes cartes de...., mais je vois que..... a donné des ordres pour lever celles de tous les gouvernements; vous prendrez donc des éclaircissements sur ce projet, s'il est commencé, combien de temps il durera, puis nous verrons.

Adieu, mon cher Hippolyte, allez et prospérez; recevez mes embrassements et ma bénédiction.

CAILLARD.

ment opportun. Quand on a une observation à consigner, on prend son crayon, on met en tête du carré de papier, à droite et en majuscules, le nom du sujet, c'est-à-dire, soit *finances*, soit *justice*, soit *guerre* ou *marine*, soit *intérieur*, soit *rapports politiques*, soit *relations commerciales*, soit *population*, soit enfin *biographie*, et, en tête de gauche, l'espèce particulière du sujet d'observation, et entre les deux indications caractéristiques, la date.

« Ces feuillets, ainsi marqués et remplis, peuvent être jetés pêle-mêle dans un portefeuille, et, au départ du pays, il ne s'agit plus que de les rassembler, les classer et les ranger par ordre de date. On prend à part un sujet; à l'aide de notes, on recueille tous les souvenirs qui se rattachent à ce sujet; on médite, on prend la plume, et l'on fait un chapitre; on prend les matériaux d'un autre chapitre; on les passe ainsi tous en revue pour mettre de la même manière tous les matériaux en œuvre; et c'est ainsi qu'on arrive au but de composer méthodiquement un mémoire utile, instructif et complet du voyage que l'on vient de faire.»

POST-SCRIPTUM.

Le célèbre Locke fit imprimer, en 1687, dans le t. 2 de la *Bibliothèque universelle*, de Jean Le Clerc, sa *Nouvelle Méthode de dresser des Recueils*, qu'il propagea à la sollicitation de Nicolas Thoinard, l'auteur de l'*Harmonie évangélique*.

Locke fit, selon nous, une excellente chose lorsque, interrompant pour un instant les spéculations profondes de la métaphysique, il rendit public le plan d'un nouvel art de colliger les faits. Il avait contracté l'habitude de transcrire dans un journal, tous les soirs, les anecdotes, les particularités qu'il recueillait, et les conversations intéressantes auxquelles il avait pris part. Il savait si bien en tirer parti dans ses lettres, dans ses entretiens, que l'on demeurait persuadé qu'il avait fait une étude spéciale de toute chose.

Il en fut, pour ainsi dire, de même de M. Caillard, à qui ces vers de La Fontaine

« .... Quiconque a beaucoup vu
« Peut avoir beaucoup retenu. »

s'appliquaient merveilleusement. Chacun voulait entendre le récit des événements dont il avait été témoin dans les Cours où il avait séjourné. L'observateur est comme l'abeille, en butinant il s'enrichit.

III

Conseils de Fénelon

Au Marquis de LOUVILLE,

Envoyé à la Cour de Madrid.

—

« Je vous dirai sans rien savoir, par aucun canal, de ce qui peut se passer dans votre Cour, que vous ne sauriez trop vous borner à vos fonctions précises, ni trop vous défier des hommes. C'est par excès d'amitié que je me mêle de vous parler ainsi. Rendez votre esprit patient. Défiez-vous de vos premières et même de vos secondes vues; suspendez votre jugement; approfondissez peu à peu. Ne faites du mal à personne, mais fiez-vous à très peu de gens. Point de plaisanterie sur aucun ridicule. Nulle impatience sur aucun travers. Nulle vivacité pour vos préjugés contre ceux d'autrui. Embrassez les choses avec étendue pour les voir dans leur total, qui est le seul point de vue véritable. Ne dites jamais que la vérité, mais supprimez-la toutes les fois que vous la diriez inutilement, par humeur ou par excès de confiance. Evitez, autant que vous le pourrez, les ombrages et les jalousies. Si modeste que vous puissiez être, vous n'apaiserez jamais les esprits jaloux. La nation au milieu de laquelle vous vivez est ombrageuse à l'infini, et l'est avec une profondeur impénétrable..... Leur esprit naturel, faute de culture, ne peut atteindre aux choses solides, et se tourne tout entier à la finesse. Prenez-y garde. Songez aussi à tout ce que vous écrivez. N'écrivez que des choses sûres et utiles. Ne donnez les douteuses que pour douteuses. Ecrivez simplement et avec une certaine exactitude sérieuse et modeste, qui fait plus d'honneur que les lettres les plus élégantes et les plus gracieuses. Proportionnez-vous au maître que vous servez. »

IV.

De la Bienséance,

RELATIVEMENT

A LA DIPLOMATIE.

« Le sentiment de la bienséance est presque un sixième sens. »

Le Commandeur PINHEIRO-FERREIRA.

Les hommes naissent sujets à une infinité de devoirs : autant de pas ils font dans le monde, autant d'engagements ils contractent. Il n'est point d'état, il n'est point de condition qui les en affranchissent, et ces devoirs naturels que chacun doit remplir, forment comme autant de nœuds du lien universel qui les unit.

En vain, pour secouer le joug de ces devoirs obligés, on cherche un genre de vie moins assujettissant, moins dépendant; on se fait à soi-même, par le prestige de l'imagination, une destinée au gré de ses penchants, de ses désirs; la condition la plus relevée paraît la plus convenable, parce qu'elle est plus conforme à nos idées.

C'est sous ces apparences flatteuses de grandeur et d'indépendance que se présente à nos yeux la Diplomatie. On se laisse aisément éblouir par la pompe extérieure qui l'environne, et, souvent, sans consulter ses forces et ses talents, on embrasse témérairement cette carrière, par le seul motif, qu'elle semble nous mettre à l'abri de la contrainte et de la sujétion. Mais cette contrainte qu'on fuit avec tant de soin, est-elle bannie des fonctions distinguées du diplomate?

Serait-il vrai que les dignités nous affranchissent des règles prescrites aux autres, et dans le nombre des priviléges, des immunités attachés aux honneurs, l'homme public a-t-il droit de compter celui d'avoir moins de devoirs à remplir, et de ne suivre dans toute sa conduite, d'autres règles que celles de son inconstance et de ses caprices?

Il est aisé d'apercevoir tout le faux d'une idée également injurieuse à la Diplomatie et pernicieuse au diplomate, qui en serait imbu. Loin que l'autorité qui le place accidentellement au-dessus des autres hommes, le mette en même temps au-dessus des devoirs attachés à chaque condition, c'est cette même supériorité qui le livre aux fonctions les plus délicates et les plus assujettissantes. Les chaînes dont il est enlacé, pour avoir plus d'éclat, n'en sont que plus pesantes et plus pénibles à porter.

Et c'est dans la carrière diplomatique que se fait sentir la contrainte la plus continuelle et la plus marquée.

L'esprit du diplomate sera sans cesse distrait, dissipé, par des amusements frivoles, s'il ne prend soin de l'assujettir par une étude forte et soutenue. Son imagination ne lui présentera que des objets indignes de sa gravité, s'il ne sait la captiver par l'application; mais il doit surtout asservir ses passions sous le joug de la raison, pour réprimer les mouvements séditieux qu'elles excitent dans son âme. C'est ainsi que les bornes de ses désirs seront l'exacte observation de ses devoirs.

Trop heureux encore, si ces devoirs, dont il doit

remplir toute la mesure, lui étaient parfaitement connus. Trop heureux, si l'indolence, si l'inattention, si l'amour-propre, ne conspiraient à l'envi pour lui en dérober la connaissance.

Dans la multitude de ces devoirs, il en est de plus délicats qui échappent à la première recherche; il en est d'imperceptibles qui ne se découvrent qu'à une attention redoublée, qui semblent se cacher à la spéculation pour se montrer uniquement dans la pratique, et que souvent la seule inobservation fait apercevoir.

Telles sont ces règles, que nous connaissons sous le nom de Bienséance, règles si générales qu'elles embrassent tous les états, toutes les conditions. L'homme public et l'homme privé reconnaissent ses lois; elle étend ses droits sur nos actions, sur nos discours, et n'a d'autres bornes que celles prescrites par la société.

Ainsi la Bienséance est en quelque sorte le devoir universel; elle nous suit en tout lieu, on la trouve partout, souvent même sans l'apercevoir; elle semble prendre des formes différentes pour se rendre plus aimable à nos yeux: ici, elle se prête aux conjonctures dont elle veut tenir son être; là, libre et indépendante, elle subsiste par elle-même, sans aucun secours étranger: nous la reverrons à la suite de la vertu, lui prêter de nouvelles beautés; souvent elle change en vertus les actions les plus indifférentes en apparence; on dirait même qu'il est des occasions où elle se prête à nos faiblesses, et que, impuissante pour en arrêter le cours, elle nous favorise de ses voiles pour en dérober la connaissance à la malignité publique.

Une aussi grande variété d'effets semble ne pouvoir se réunir sous une seule idée. Ne soyons donc pas étonnés s'ils font naître dans les esprits des notions si différentes de Bienséance.

Les uns regardent ses lois comme de simples conseils qui laissent une entière liberté de les suivre ou de s'en écarter, et qui, bien loin d'avoir quelque empire sur nos volontés, doivent se plier à nos coutumes, à nos usages, et jusqu'à nos fantaisies.

D'autres pensent que les règles de la Bienséance ne sont autre chose que l'art de composer notre extérieur ; qu'elles se réduisent à nous prescrire la manière de régler nos dehors ; mais que ses droits ne s'étendent point sur les mouvements intérieurs de notre âme, et qu'ainsi observer les bienséances et sauver les apparences n'est absolument qu'une même chose.

Gardons-nous d'adopter des idées aussi éloignées du véritable caractère de cette vertu : elle perdrait ce titre respectable, si, contente du soin de nos démarches extérieures, elle ne contribuait à régler les ressorts secrets de notre âme.

C'est dans la raison la plus épurée que la Bienséance prend sa source. Elle est un instinct secret qui nous porte à suivre, dans toute notre conduite, ce qui est plus conforme à la raison ; qui établit un juste rapport entre nos actions et nos devoirs. C'est un rayon de cette lumière naturelle qui nous éclaire sur toutes nos actions, qui sait les placer suivant la plus juste précision, dans l'ordre le plus convenable à la sagesse, eu égard aux circonstances différentes que nous présentent notre état et notre condition. En un mot, la Bienséance n'est autre chose que l'amour de l'ordre, l'empire de la vertu.

C'est, en effet, cet ordre admirable, c'est la Bienséance qui fait paraître à nos yeux la vertu plus aimable, qui, pour en rendre la pratique plus aisée, la dépouille de ce qu'elle peut avoir de sévère, qui lui prête de nouvelles grâces, de nouvelles beautés. Sans son secours, la sagesse paraîtrait austère, la justice rigoureuse, et souvent la vertu serait déplacée et méconnaissable.

La vertu est donc, en même temps, et la source et l'objet de la Bienséance. Ainsi, c'est une erreur de penser que nous puissions jamais la trouver à la suite du vice. Ne croyons pas qu'elle puisse habiter dans un cœur séduit et corrompu, et que pour en cacher les désordres, elle nous prête son secours. Ne nous flattons pas que, complice de nos dérèglements, elle emprunte les couleurs de la vertu pour surprendre l'estime publique : qui ne voit que ce serait changer en vice la plus aimable des vertus? Elle ne serait plus que le voile de l'hypocrisie, et l'instrument de la dissimulation.

Quoique la Bienséance étende plus particulièrement son empire sur nos démarches extérieures, c'est néanmoins dans les sentiments secrets de notre âme qu'elle trouve la règle de ses mouvements, puisqu'elle consiste principalement dans cette convenance de ce que prescrivent la raison et la vertu, avec la nature de l'homme. Mais, dans ces actions mêmes, dont la raison et la vertu sont le principe, il est encore certaines mesures de modération et de précision qui leur donnent le dernier lustre, et que la Bienséance seule nous fait apercevoir. Ainsi, elle ne se borne pas à régler en général notre conduite par les lois de la sagesse, elle entre dans le détail de chacune de nos actions; elle nous conduit avec précaution dans les conjonctures les plus délicates, et, après nous avoir montré, dans les différentes situations où nous place le hasard, quelle en est la vertu la plus convenable, elle nous enseigne encore l'usage que nous devons en faire pour atteindre au plus haut point de perfection, et pour acquérir la gloire, qui est la couronne de la sagesse.

Ces réflexions font assez connaître que la Bienséance est d'une étendue infinie : elle est de tous les temps, de tous les âges, de tous les états, de toutes les conditions; mais il n'en est point où elle exerce un empire plus absolu que dans la Diplomatie. C'est là qu'elle règne en souveraine et qu'elle exige une obéissance aveugle à ses volontés : les conseils qu'elle donne à l'homme privé sont des lois rigoureuses pour le diplomate.

La condition de l'homme public est en ce point bien plus impérieuse que celle de l'homme privé : celui-ci peut quelquefois, à la faveur de son obscurité, se dérober à l'austérité des règles, pourvu qu'il n'en porte pas le mépris jusqu'à troubler l'ordre de la société; pourvu que sa conduite n'éclate pas au dehors par des désordres scandaleux, il peut goûter les douceurs d'une vie exempte de contrainte: s'il manque aux devoirs de la Bienséance, la peine la plus sévère dont il est puni, est le ridicule qu'il se donne aux yeux du public.

Le diplomate a contracté des engagements plus étroits : toutes les démarches de sa vie extérieure, exposées au grand jour, le soumettent sans cesse à la censure. Le monde, accoutumé à juger de tout par les apparences, toujours prêt à mal interpréter, même les choses les plus innocentes, exige de lui l'observation la plus scrupuleuse de ses devoirs. L'omission la plus légère est une ample matière à la critique.

Oui, le diplomate, doué des talents les plus précieux (car nous ne parlerons pas ici de ces diplomates qui ne s'annoncent que par des talents déplacés, et qui n'en font usage que pour violer toutes les lois de la Bienséance), se flatte vainement d'échapper à la censure, s'il néglige de composer son extérieur sur les bienséances de son état. En vain espérerait-il qu'en faveur des plus rares qualités, le public lui permettra d'oublier le soin des dehors, la moindre négligence trouvera son censeur, ses vertus mêmes, deviendront le sujet de la satire la plus amère.

L'attention qu'il aura à soutenir les droits de sa dignité, passera pour de l'orgueil ; sa modestie sera regardée comme une crainte servile, comme un effet de la bassesse de ses sentiments, comme une adresse affectée pour cacher son peu de mérite. L'observation des règles de la plus exacte justice ne sera plus qu'une sévérité outrée. Ces ménagements délicats de l'équité, si difficiles à saisir, ne paraîtront qu'ignorance des règles, que des moyens préparés par la faveur pour trahir les intérêts de la justice ; la pureté de mœurs ne sera pas même respectée, elle sera taxée d'affectation, d'hypocrisie.

C'est ainsi que le monde venge le mépris de ses jugements; il se croit arbitre souverain des bienséances. Jaloux de ses droits, il les exerce avec une tyrannie d'autant plus marquée, qu'il croit par là reprendre sur l'homme public une partie de l'autorité à laquelle il se voit ailleurs obligé de se soumettre.

Quelle attention continuelle doit donc avoir le diplomate sur lui-même? quelle circonspection à régler sa conduite extérieure, pour ne point donner prise à la censure, puisque la moindre infidélité est punie du mépris public, qui est peut-être la peine la plus à craindre pour un diplomate.

Aussi, voyons-nous dans l'usage du monde qu'il est peu de règles plus exactement suivies que celles de la Bienséance. Il est des devoirs plus essentiels, mais il n'en est point auxquels on s'attache plus scrupuleusement. La crainte des jugements du public est un frein qui retient le particulier dans les bornes de son état, et souvent la honte du scandale inspire plus d'horreur pour le crime que le crime même.

Le parfait diplomate se conduit par des motifs plus nobles, plus conformes à la saine raison : élevé au-dessus des autres hommes par sa dignité, plus élevé encore par la sagesse de sa conduite, il trouve dans les sentiments de son cœur, la règle universelle de ses actions extérieures. Moins attentif aux discours du vulgaire qu'à la voix intérieure de sa conscience, les jugements du public, la terreur du commun des hommes, n'entrent pour rien dans ses vues. Ses passions accoutumées au joug de la raison ne se montrent point rebelles ; jamais elles ne s'échappent au dehors par des saillies que désavoue sa dignité ; et, l'ordre qui apparaît dans toutes ses démarches, dans toutes ses actions, est une image du calme qui règne dans son âme.

Telle doit être, dans le diplomate, la véritable source des bienséances. Elles ne sont souvent dans l'homme privé que les apparences de la vertu; mais dans l'homme public elles doivent être la vertu même. Ainsi, qu'il ne se flatte point que par des dehors trompeurs il puisse satisfaire à ce qu'il doit au public ; il ne soutiendra pas longtemps le caractère d'homme vertueux, s'il n'en a que le semblant. Il est tant d'occasions séduisantes, il est tant de conjonctures délicates, que quelques soins qu'il prenne, il laissera entrevoir les motifs qui le font agir.

C'est là, en effet, l'écueil où viennent échouer les fausses vertus. On cherche, par un mérite imposteur, à surprendre les louanges plutôt qu'à s'en rendre digne; et la Bienséance n'est plus qu'un respect humain. De là ce mélange bizarre de vertus et de faiblesses; de là ces combats perpétuels entre nos devoirs et nos passions, combats où la raison est souvent vaincue : on se lasse bientôt d'une situation aussi gênante; on cherche à s'affranchir d'un joug qui devient insupportable. Bientôt, indocile aux règles, on se livre à tous les caprices d'une humeur déréglée : on s'illusionne; l'orgueil prend le dessus; on se croit supérieur au reste des hommes; la vanité n'ayant plus de frein qui la contienne, se montre à découvert. Dès lors, plus de modération dans les procédés, plus de retenue dans les discours; plus d'égards pour ses égaux, plus de ménagements pour ses inférieurs. On croit n'être diplomate ou ministre que pour faire sentir tout le poids de l'autorité; enfin, on devient l'objet de la haine publique. Pour comble de malheurs, le vulgaire met souvent les défauts de la personne sur le compte de la dignité, et la Diplomatie en ressent des atteintes d'autant plus cruelles qu'elle les reçoit de la main même du diplomate.

Il en est d'autres qui, emportés par un naturel impétueux, s'abandonnent à tous les mouvements du penchant aveugle qui les entraîne. Comment apercevraient-ils les règles imperceptibles de la Bienséance? la rapidité de leurs démarches leur laisse à peine le temps de réfléchir sur les devoirs les plus essentiels! Ils saisissent avidement la première fausse lueur qui se présente pour les conduire, et ne connaissent souvent leurs égarements que lorsqu'ils sont devenus irréparables. Ce n'est point orgueil, ce n'est point mépris, c'est légèreté, c'est inconsidération : le désordre qui règne dans leur conduite est plutôt un dérangement d'esprit que le dérèglement du cœur, et leur aveuglement est moins digne de blâme que de pitié.

Il faut cependant convenir que le commun des hommes sent assez la nécessité de se soumettre à la Bienséance. Ses lois sont trop respectables pour qu'on veuille ouvertement les enfreindre; mais on se trompe dans le choix et dans l'application des règles qu'elle prescrit. On n'aperçoit pas cette convenance délicate qui sait assortir nos actions à l'état que nous avons embrassé; aveuglés par nos passions, séduits par les illusions de l'amour-propre, on ne voit qu'imparfaitement les bornes qui séparent chaque condition. Erreur fatale qui porte le désordre et la confusion dans le sein de la société. Car, enfin, quelque effort que nous fassions, il est en nous-même certaines inclinations qui remuent tous les ressorts de notre âme; il est dans les replis de notre cœur des penchants secrets qui sont en possession de guider toute notre conduite; nos pensées, nos sentiments, nos vertus même prennent, pour ainsi dire, la teinture de nos affections. Ainsi, celui qui ne se conduit que par les vues de l'ambition, ne trouve point d'indécence dans les démarches les plus rampantes, pourvu qu'elles le conduisent au but qu'il s'est proposé; la plus lâche flatterie, l'adulation la plus servile, lui paraissent des moyens légitimes; il ne croit pas même déshonorer la dignité dont il est revêtu, en la faisant honteusement servir à la passion qui le domine.

Cet autre, peu satisfait des honneurs attachés à sa dignité, cherche dans la pompe extérieure, de quoi satisfaire l'humeur vaine qui le séduit; il voudrait transporter dans la Diplomatie le faux brillant des conditions purement d'éclat dont il est ébloui; il la dépouille de cette noble et majestueuse gravité qui fait toute sa parure, pour la revêtir de ces ornements étrangers qu'elle désavoue: il sort de son caractère, il se révolte contre sa dignité, et par là, se confond avec ces hommes nouveaux dont le même jour éclaire l'élévation et la chute, qui, pour tout mérite, n'étalent aux yeux du public que le faste et le luxe, fruits indignes de ces richesses achetées, la plupart du temps, au prix d'autant d'injustices et de concussions.

C'est ainsi que chacun se fait à soi-même un système de bienséances; chacun les place au gré de son penchant favori. Cependant ces lois ne sont pas arbitraires; si elles semblent se prêter à certaines conjonctures, elles n'en sont pas moins immuables dans leur objet, qui n'est autre que la vertu convenable à notre état.

C'est donc la vertu, mais une vertu éclairée, que le diplomate doit prendre pour guide; il ne suffit pas qu'il soit vertueux pour lui- même, il faut que cette vertu intérieure se manifeste au dehors, qu'elle apparaisse dépouillée de ce qu'elle peut avoir de trop austère, qu'elle se familiarise sans s'abaisser, qu'elle se prête aux usages permis, qu'elle ne s'effarouche point dès que les bonnes mœurs sont respectées; qu'elle ne devienne fière qu'à la vue de l'infraction au devoir et au mépris des règles.

Que du haut de sa dignité le diplomate se fasse un plaisir de soulager, de respecter même comme ses égaux, ceux que l'ordre politique lui a soumis; qu'il sache allier la modestie avec l'autorité, sans néanmoins que celle-ci néglige aucun de ses droits; en un mot, qu'il ne perde jamais de vue tout ce qu'il se doit à lui-même et au caractère dont il est revêtu; qu'à ce point comme à son centre déterminé, il rapporte toutes ses démarches, c'est le moyen le plus sûr pour conserver cette décence qui répand un nouveau lustre sur toutes ses actions, qui réprime les traits envenimés de la médisance, et qui, en faisant respecter le rang où il est élevé, ménage à sa personne la considération et l'estime universelles.

APPENDICE.

A.

(*Renvoi de la page* 9.)

RELATION

DE LA

MISE A MORT DU MARQUIS MONALDESCHI,

Grand Écuyer de la Reine Christine de Suède,

LE 10 NOVEMBRE 1657,

Faite par le R. P. LE BEL,

Son confesseur,

Ministre de l'ordre de la Sainte-Trinité du couvent de Fontainebleau.

« L'exécution du marquis de Monaldeschi, grand écuyer de la reine Christine de Suède, faite à Fontainebleau dans la galerie des Cerfs, par l'ordre et le commandement de cette reine, a donné sujet à beaucoup d'esprits de mettre en contestation, si le souverain hors de ses États a droit de faire périr ses domestiques, de son autorité privée. Et quoique la considération que la France a toujours eue pour l'alliance de Suède, ait empêché que cette dispute ne soit portée plus loin, le silence du roi, dans cette occasion, a fait croire que la royauté était un caractère indélébile ; que son pouvoir et son autorité accompagnaient partout la personne qui en avait été revêtue ; et qu'ainsi, en quelque endroit qu'elle se trouvât, elle conservait toujours le droit de souveraineté sur tous ceux de sa suite, soit domestiques, soit autres, qui ne sont point sujets du prince, dans les États duquel cet autre prince est retiré.

« Mais quoi qu'il en soit, comme je n'ai ni le dessein de pénétrer dans cette question, ni la témérité d'en vouloir porter un jugement décisif, je me contenterai de rapporter fidèlement toutes les circonstances de cette action, pour laisser au lecteur la liberté d'en juger.

« Le 6 de novembre 1657, à neuf heures et un quart du matin, la reine de Suède étant à Fontainebleau, logée à la conciergerie du château, m'envoya querir par un de ses valets de pied. Il me dit qu'il avait ordre de Sa Majesté de me mener parler à elle, en cas que je fusse le supérieur du couvent. Je lui répondis que je l'étais, et que j'allais partir avec lui pour avoir la volonté de Sa Majesté suédoise.

« Ainsi, sans chercher de compagnon, de crainte de faire attendre cette reine, je suivis ce valet de pied jusqu'à l'antichambre. On m'y fit attendre quelques moments. A la fin le valet de pied étant revenu, il me fit entrer dans la chambre de la reine de Suède. Je la trouvai seule, et lui ayant rendu mes très humbles respects et mes soumissions, je lui demandai ce que Sa Majesté désirait de moi, son très humble serviteur. Elle me dit que pour parler avec plus de liberté, j'eusse à la suivre. Et étant entrée dans la galerie des Cerfs, elle me demanda si elle ne m'avait jamais parlé? Je lui répondis que j'avais eu l'honneur de faire la révérence à Sa Majesté, et de l'assurer de mes très humbles obéissances, et qu'elle avait eu la bonté de m'en remercier, et non autres choses. Sur quoi la reine me dit, que je portais un habit qui l'obligeait à se fier en moi, et me fit promettre sous le sceau de la confession de gardien, de tenir le secret qu'elle m'allait découvrir. Je fis réponse à Sa Majesté, qu'en matière de secret j'étais naturellement aveugle et muet, et que l'étant à l'égard de toutes sortes de personnes, à plus forte raison je devais l'être pour une princesse comme elle, et j'ajoutai que l'Écriture Sainte dit que : *Sacramentum regis abscondere bonum est.* Après cette réponse, elle me chargea d'un paquet de papiers, cacheté en trois endroits, sans aucune suscription, et me commanda de le lui rendre en présence de qui elle me le demanderait, ce que je promis à Sa Majesté suédoise. Elle me recommanda ensuite de bien observer le temps, le jour, l'heure et le lieu où elle me donnait ce paquet, et sans autres entretiens, je me retirai et laissai cette reine dans la galerie.

« Le samedi dixième jour du même mois de novembre, à une heure après midi, la reine de Suède m'envoya querir par un de ses valets de chambre, lequel m'ayant dit que Sa Majesté me demandait, j'entrai dans un cabinet pour prendre le paquet dont elle m'avait chargé, dans la pensée que j'eus qu'elle m'envoyait querir pour le lui rendre. Je suivis ce valet de chambre, lequel m'ayant mené par la porte du donjon, me fit entrer dans la galerie des Cerfs; et aussitôt que nous fûmes entrés, il ferma la porte avec tant d'empressement que j'en fus un peu étonné. Ayant aperçu vers le milieu de la galerie la reine qui parlait à un cavalier de sa suite, qu'on appelait le marquis (j'ai appris depuis que c'était le marquis de Monaldeschi), je m'approchai de cette princesse, après lui avoir fait ma révérence. Elle me demanda d'un ton de voix assez haut, en la présence de ce marquis et de trois autres hommes qui y étaient, le paquet qu'elle m'avait confié. Deux des trois étaient éloignés de la reine de quatre pas, et le troisième *, assez près de Sa Majesté. Elle me parla en ces termes : « Mon père, rendez-moi le paquet que je vous ai donné? » Je m'approchai, et le lui présentai. Sa Majesté l'ayant pris et considéré quelque temps, l'ouvrit, et prit les lettres et autres écrits qui étaient dedans. Elle les fit voir et lire à ce marquis, lui demandant, d'une voix grave et d'un ton assuré, s'il les connaissait bien. Ce marquis les dénia, mais en pâlissant. « Ne voulez-vous pas reconnaître ces lettres et ces écrits? » lui dit-elle (n'étant à la vérité que des copies que cette reine elle-même avait transcrites). Sa Majesté suédoise ayant laissé songer quelque temps ledit marquis sur ces mêmes copies, tira de dessus elle les originaux, et, les lui montrant, l'appela traître, et lui fit avouer son écriture et son seing. Elle l'interrogea plusieurs fois, à quoi ce marquis s'excusant, répondait du mieux qu'il pouvait, rejetant la faute sur diverses personnes. Enfin, il se jeta aux pieds de cette reine, lui demandant pardon; et, en même temps, les trois hommes qui étaient là présents tirèrent leurs épées hors du fourreau. Alors il se releva, tira la reine tantôt dans un coin de la galerie et tantôt à un autre, la suppliant toujours de l'entendre et de le recevoir dans ses excuses. Sa Majesté ne lui dénia jamais rien; mais l'écouta avec une grande patience, sans que jamais elle témoignât la moindre importunité ni aucun signe de colère. Aussi se tournant vers moi, lorsqu'il la pressait le plus de l'écouter et de l'entendre patiemment : « Mon père, me dit-elle, voyez et soyez témoin (approchant du marquis et appuyé sur un petit bâton d'ébène à la poignée ronde), que je ne projette rien contre cet homme, et que je donne à ce traître et à ce perfide tout le temps

* Son capitaine des gardes.

qu'il veut, et plus qu'il n'en saurait désirer d'une personne offensée, pour se justifier s'il le peut. »

« Le marquis enfin pressé par cette reine, lui donna des papiers et deux ou trois petites clefs liées ensemble qu'il tira de sa poche, de laquelle il tomba deux ou trois petites pièces d'argent. Et après une heure au plus de conférence, ne contentant pas cette reine par ses réponses, Sa Majesté s'approcha un peu de moi, et me dit d'une voix assez élevée, mais grave et modérée : « Mon père, je me retire, et vous laisse cet homme, disposez-le à la mort et prenez soin de son âme. »

« Quand cet arrêt aurait été prononcé contre moi, je n'aurais pas eu plus de frayeur. Et à ces terribles mots le marquis, se jetant à ses pieds, et moi de même, en lui demandant pardon pour ce pauvre homme, elle me dit : « Qu'elle ne le pouvait pas; que ce traître était plus coupable que ceux qui sont condamnés à la roue. Qu'il savait bien qu'elle lui avait communiqué comme à un fidèle sujet ses affaires les plus importantes et ses plus secrètes pensées. Outre qu'elle ne lui voulait point reprocher tous les biens qu'elle lui avait faits, qui excédaient ceux qu'elle eût pu faire à un frère, l'ayant toujours regardé comme tel, et que sa conscience seule lui devait servir de bourreau. Après ces mots, Sa Majesté se retirant, me laissa avec ces trois hommes qui avaient toujours leurs épées nues dans le dessein d'achever cette exécution.

« Après que Sa Majesté fut sortie, le marquis se jeta à mes pieds, et me conjura avec instance d'aller auprès de la reine pour tâcher d'obtenir son pardon. Cependant ces trois hommes le pressaient de se confesser lui tenant l'épée contre les reins, sans pourtant le toucher; et moi, avec les larmes à l'œil, je l'exhortais de demander pardon à Dieu. Alors le chef des trois partit pour aller vers Sa Majesté lui demander pardon, et implorer sa miséricorde pour le pauvre marquis. Lequel revenant triste de ce que sa maîtresse lui avait commandé de le dépêcher, lui dit en pleurant : « Marquis, songez à Dieu et à votre âme; il faut mourir. »

« A ces mots, comme hors de lui, le marquis se jeta une seconde fois à mes pieds, me conjurant de retourner vers la reine, pour tenter encore une fois la voie du pardon et de la grâce; ce que je fis. Et ayant trouvé seule Sa Majesté dans sa chambre, avec un visage serein, et sans aucune émotion, je m'approchai d'elle, me laissant tomber à ses pieds, les larmes aux yeux et les sanglots au cœur; je la suppliai, par les douleurs et les plaies de Jésus-Christ, de faire miséricorde et grâce à ce pauvre marquis. Elle me témoigna être fâchée de ne pouvoir accorder ma demande, après la perfidie et la cruauté que ce malheureux lui avait voulu faire endurer en sa personne: après quoi il ne devait jamais espérer rémission ni grâce, et me dit que l'on en avait envoyé plusieurs sur la roue qui ne l'avaient pas tant mérité que ce traître.

« Voyant que je ne pouvais rien gagner par mes prières sur l'esprit de cette reine, je pris la liberté de lui représenter qu'elle était dans la maison du roi de France, et qu'elle prît bien garde à ce qu'elle allait faire exécuter, et si le roi le trouverait bon. Sur quoi Sa Majesté me répondit : « Qu'elle avait le droit de faire justice, et qu'elle prenait Dieu à témoin si elle en voulait à la personne de ce marquis, et si elle n'avait pas déposé toute haine, ne s'en prenant qu'à son crime et à sa trahison, qui n'auraient jamais de pareilles, et qui touchaient tout le monde : outre que le roi de France ne la logeait pas dans sa maison comme captive réfugiée, qu'elle était maîtresse de ses volontés pour rendre et faire justice à ses domestiques, en tous lieux et en tout temps, et qu'elle ne devait répondre de ses actions qu'à Dieu seul, ajoutant que ce qu'elle faisait n'était pas sans exemple. Et quoique je répartisse à cette reine qu'il y avait quelque différence ; que si les rois avaient fait des choses semblables, ç'avait été chez eux et non ailleurs. Mais je n'eus pas sitôt dit ces paroles, que je m'en repentis, craignant de l'avoir trop pressée. Sur quoi je lui dis encore : Madame, par l'honneur et l'estime que vous vous êtes acquis en France, et par l'espérance qu'ont tous les bons Français de votre négociation, je supplie très humblement Votre Majesté d'éviter que cette action (quoiqu'à l'égard de Votre Majesté, Madame, elle soit de justice) ne passe néanmoins dans l'esprit des hommes pour violente et pour précipitée. Faites plutôt encore un acte généreux de miséricorde envers ce pauvre marquis, ou, du moins, mettez-le entre les mains de la justice du roi, et lui faites faire son procès dans les formes requises. Vous en aurez toute la satisfaction, et conserverez, Madame, par ce moyen, le titre *d'admirable* que vous portez en toutes vos actions parmi tous les hommes. « Quoi! mon père, me dit cette reine, moi, en qui doit résider la justice absolue et souveraine sur mes sujets, me voir réduite à solliciter contre un traître domestique, dont les preuves de son crime et de sa perfidie sont en ma puissance, écrites et signées de sa propre main!..... » Il se peut, Madame, mais Votre Majesté est partie intéressée. « Non, non, mon père, je le ferai savoir au roi; retournez et ayez soin de son âme; je ne puis en conscience accorder ce que vous me demandez. » Et ainsi me renvoya. Je compris pourtant au changement de sa voix, en ces dernières paroles, que si cette reine eût pu différer l'action et changer de lieu, qu'elle l'eût fait indubitablement; mais que l'affaire était trop avancée pour prendre une autre résolution sans se mettre en danger de laisser échapper ce marquis, et peut-être mettre sa propre vie au hasard.

« Dans ces extrémités je ne savais que faire, ni à quoi me résoudre. De sortir, je ne le pouvais, et quand je l'aurais pu, je me voyais engagé par un devoir de charité et de conscience, à secourir ce marquis pour le disposer à bien mourir. Je rentrai donc enfin dans la galerie, en embrassant ce pauvre malheureux qui se baignait en ses larmes. Je l'exhortai, dans les meilleurs termes et les plus pressants qu'il me fut possible, qu'il plût à Dieu de l'inspirer de se résoudre à la mort, de songer à sa conscience, puisqu'il n'y avait plus dans ce monde d'espérance de vie pour lui, et qu'offrant et souffrant sa mort pour la justice, il devait en Dieu seul jeter ses espérances pour l'éternité où il trouverait ses consolations.

« A cette triste nouvelle, après avoir poussé deux ou trois grands cris, il se mit à genoux, à mes pieds, m'étant assis sur un des bancs de la galerie, il commença sa confession. Mais l'ayant fort avancée, il se releva tout à coup, en poussant des cris douloureux. Je parvins à le remettre, et lui fis faire des actes de foi en renonçant à toutes pensées contraires. Alors, il acheva sa confession en latin, français et italien, ainsi qu'il pouvait mieux s'expliquer, dans le trouble où il était. L'aumônier de la reine arriva comme je l'interrogeais sur un doute. Dès que le marquis l'aperçut, il courut à lui sans attendre l'absolution, espérant grâce de sa faveur. Ils parlèrent bas longtemps ensemble, se tenant les mains, et retirés en un coin de la galerie. Leur conférence finie, l'aumônier sortit et emmena avec lui le chef des trois, commis pour l'exécution. Peu de moments après, l'aumônier étant demeuré dehors, l'autre revint seul, et lui dit : « Marquis, demande pardon à Dieu ; il faut mourir : es-tu confessé ? » Et, lui disant ces paroles, le pressa contre la muraille au bout de la galerie où est la peinture de Saint-Germain ; et je ne me pus si bien détourner que je ne visse qu'il lui porta un coup dans l'estomac du côté droit, et que le marquis le voulant parer, prit l'épée de la main droite, dont l'autre, en la retirant, lui coupa trois doigts, et l'épée demeura faussée. Pour lors, il dit à un autre : « qu'il était armé en dessous ; » comme en effet, il avait une cotte de mailles qui pesait neuf à dix livres, et le même, à l'instant redoubla le coup dans le visage ; après lequel ce marquis cria : « Mon père ! mon père ! » Je m'approchai de lui, et les autres se retirèrent un peu à quartier. Le marquis, un genou en terre, demanda pardon à Dieu, et me dit encore quelque chose où je lui donnai l'absolution, avec la pénitence de souffrir la mort patiemment pour ses péchés, et de pardonner à tous ceux qui le faisaient mourir ; laquelle reçue, il se jeta sur le carreau, et en tombant, un autre lui donna un coup sur le haut de la tête qui lui emporta des os. Le marquis étant étendu sur le ventre, faisait signe, et marquait qu'on lui coupât le col, et le même lui donna deux ou trois coups sans lui faire grand mal, parce que la cotte de mailles qui était montée avec le col du pourpoint, para et empêcha la force des coups. Cependant je l'exhortais de se souvenir de Dieu, et d'endurer avec patience, pour la rémission de ses péchés. Sur quoi le chef m'ayant demandé s'il ne le ferait pas achever, je le rembarrai rudement, en lui disant que je n'avais pas de conseil à lui donner là-dessus ; que je demandais sa vie et non sa mort. Sur quoi, il me demanda pardon, en confessant d'avoir eu tort de me faire une telle demande.

« Sur ce discours, le pauvre marquis, qui n'attendait qu'un dernier coup, entendant ouvrir la porte de la galerie, reprit courage, se retourna, voyant que c'était l'aumônier qui entrait, il se traîna du mieux qu'il put, s'appuyant contre le lambris de la galerie, demanda à lui parler. L'aumônier passa à la gauche de ce marquis, moi étant à la droite ; et le marquis se tournant vers l'aumônier, en joignant les mains, lui dit tout bas quelque chose, comme se confessant. Après quoi l'aumônier lui dit : « Demandez pardon à Dieu ; »

et après m'en avoir demandé permission, il lui donna l'absolution. Il me dit ensuite de demeurer auprès le marquis, et qu'il s'en retournait vers la reine.

« Au même instant celui qui avait frappé sur le col dudit marquis, et qui était près de l'aumônier à sa gauche, lui perça la gorge avec une épée assez longue et étroite, duquel coup le marquis tomba sur le côté droit, et ne parla plus, mais demeura plus d'un quart d'heure à respirer, durant lequel je lui criais et l'exhortais de mon mieux ; et ainsi ayant perdu son sang, finit sa vie à trois heures et trois quarts après midi. Je lui dis le *De profundis*, avec l'oraison ; et après, le chef des trois lui remua un bras et une jambe, déboutonna son haut de chausse et son caleçon, fouilla dans son gousset, et ne trouva rien, sinon en sa poche un petit livre d'heures de la vierge et un petit couteau. Après quoi ils partirent tous les trois, et moi ensuite pour recevoir les ordres de Sa Majesté. Cette reine, assurée de la mort dudit marquis, témoigna du regret d'avoir été obligée de faire faire cette exécution. Mais qu'il était de justice de la faire pour son crime et sa trahison, et qu'elle priait Dieu de la lui pardonner. Elle me commanda d'avoir soin de le faire enlever de là, de l'enterrer, et me dit qu'elle voulait faire dire plusieurs messes pour son âme. Je fis faire une bière, et la fis mettre dans un tombereau à cause de la pesanteur du corps, de la brune, et du mauvais chemin ; puis la fis conduire à la paroisse, par mon vicaire et chapelain, assisté de trois hommes, avec ordre de l'enterrer dans l'église, près du bénitier. Ce qui fut fait et exécuté à cinq heures trois quarts du soir le lundi douzième jour de novembre.

« Cette reine envoya cent livres par deux de ses valets de chambre, au couvent, pour prier Dieu pour le repos de l'âme dudit marquis ; duquel le mardi, 13 dudit mois, on publia le service par le son des cloches qui fut célébré le mercredi 14, avec toute solennité et dévotion, dans l'église paroissiale d'Avon, où ce marquis est enterré, et continuâmes un *Credo* et les messes que cette reine avait ordonnées de dire, pour supplier la bonté divine qu'il lui plaise de mettre l'âme de ce pauvre défunt dans son paradis *. »

* Cette relation, qui porte un caractère de vérité auquel on aurait peine à se refuser, a été publiée pour la première fois dans un petit volume intitulé :

On n'a jamais eu une connaissance bien exacte du crime imputé à Monaldeschi. Les uns ont dit qu'il avait trahi les projets politiques de Christine, et qu'il avait servi d'espion à Mazarin, ce qui semble incontestable. Selon d'autres, il avait répandu des bruits injurieux sur

Recueil de pièces curieuses servant à l'histoire, imprimé à Cologne, chez Jean du Châtel, en 1664. AITZEMA, et Jean ARCKENHOLTZ (Mémoires concernant Christine..... *Amsterdam et Leipzig*, 1751-1760, 4 vol. in-4°), en ont donné une autre, qui ne diffère point de celle-ci pour les circonstances essentielles, mais qui est moins détaillée. LACOMBE aussi, dans les *Lettres choisies* de CHRISTINE (2e Part., p. 238), rapporte à sa manière la mort tragique de Monaldeschi, dont il estropie le nom pour en faire *Monadeski.*

Quelques contemporains ont prétendu que le R. P. Le Bel, qui avait lu, selon eux, les lettres infamantes écrites par Monaldeschi contre la reine Christine, avoua que l'amour et la jalousie avaient porté ce favori à diffamer sa souveraine, pour plaire à une dame de Rome dont il était épris; mais qu'un jeune cardinal, ennemi de Monaldeschi, et favori de Christine, découvrit ce mystère galant, et envoya à cette princesse altière et vindicative, les lettres de son infidèle écuyer qu'il avait surprises.

On a prétendu aussi qu'un Français nommé Poinsonnet, attaché à la reine, comme valet de chambre, était seul dépositaire du secret de l'affaire de Monaldeschi.—L'auteur des *Mémoires de la vie du comte D..., avant sa retraite*, publiés, pour la première fois, en 1696, sous le nom de Saint-Évremont, bien qu'on les attribue à l'abbé DE VILLIERS, et auxquels madame la comtesse DE MURAT répondit, en 1697, par les *Mémoires de madame la comtesse D...., avant sa retraite*, rapporte, de souvenir, deux lettres galantes qu'il dit avoir été écrites par Monaldeschi à une dame qu'il ne nomme point. Mais l'authenticité du contenu de ces lettres, et toutes les circonstances du récit de l'auteur sont au moins romanesques. LENGLET DU FRESNOY cite, au t. 2, p. 121, de sa *Bibliothèque des Romans*, une *Histoire des intrigues galantes de Christine, reine de Suède*, Amsterdam, 1697, in-8°, qu'il dit être curieuse, mais dans laquelle, selon lui, « on n'a pas tout mis. »

On peut consulter encore, au sujet de cette affaire, les *Mémoires* de mademoiselle DE MONTPENSIER, ceux de madame DE MOTTEVILLE, les *Lettres* de GUY-PATIN.—Il serait superflu d'indiquer les autres ouvrages où il est fait mention de cet événement; dans les uns on ne trouve que des redites, souvent même peu exactes; dans les autres, des anecdotes et des circonstances particulières, dénuées de preuves, et au moins hasardées par des écrivains plus empressés à flatter une avide curiosité qu'à chercher la vérité de bonne foi.

la conduite privée de la reine, et révélé des secrets que lui seul pouvait connaître. Les mémoires du temps s'étendent beaucoup plus sur la punition et sur les jugements qu'on en porta que sur la nature du délit. C'est un mystère ténébreux, que le manque de témoignages authentiques empêche d'approfondir, et que Christine emporta avec elle dans le tombeau.

La conduite de Christine dans cette conjoncture fut universellement désapprouvée ; on la blâma surtout d'avoir exercé un pareil acte d'autorité absolue dans un palais du roi. Elle trouva cependant quelques apologistes, qui tâchèrent de la disculper, en observant néanmoins qu'elle eût dû choisir un autre lieu pour l'exécution. Les publicistes de cette époque conviennent assez généralement qu'un prince régnant conserve dans les pays étrangers où il se trouve, le droit de juger les personnes attachées à son service, et qu'il peut exercer ce droit en évitant l'éclat d'une trop grande publicité. Ils rapportent que Charles II, dans le temps même où il n'était pas reconnu en Angleterre, fit exécuter, dans le palais du duc de Neubourg, un domestique qu'il avait convaincu de trahison : on pourrait cependant supposer que Charles avait obtenu le consentement du duc. Il est rapporté aussi qu'un ambassadeur d'Espagne à Venise fit pendre à une fenêtre un domestique infidèle, sans que la république en témoignât de mécontentement. Mais si un pareil acte peut être exercé ou permis par des princes régnants, il ne s'ensuit pas qu'il appartienne également à ceux qui ont renoncé au trône, quand même ils auraient conservé les marques extérieures de la souveraineté. Il est vrai que Christine s'était réservé, en abdiquant, la juridiction sur ceux qui seraient attachés à son service, et que dans les domaines qu'elle avait obtenus pour son entretien, les employés publics lui prêtaient foi et hommage en même temps qu'au roi de Suède. Mais il y a des degrés dans la juridiction, et le droit de vie et de mort avait-il été expressément stipulé? Quand on accorderait que la reine jouissait de ce droit, ne devait-elle pas avoir des égards pour le roi de France, qui l'avait reçue dans ses États avec une généreuse hospitalité? Domptant les mouvements de sa passion, ne devait-elle pas considérer qu'il est des actes de pouvoir rigoureux dont on s'abstient, eût-on même le droit de les exercer? Un prince, jaloux de sa gloire, dans quelque situation qu'il se trouve, évitera de punir un délit contre sa personne, sans faire intervenir la procédure judiciaire, et il cherchera même les moyens de tempérer la rigueur de la loi, à moins que l'intérêt de l'État ne s'y oppose évidemment. Mais il paraît que d'un côté, l'ambition de Christine, ou son amour-propre outragé ; de l'autre, la crainte d'être compromise dans un procès public, ne laissèrent aucun pouvoir sur son âme à d'autres considérations. On observe, en général, en la suivant dans sa nouvelle carrière, qu'à mesure qu'elle s'apercevait de la diminution de son pouvoir, elle en devenait plus jalouse, et que l'appréhension qu'on lui manquât d'égards et de dévouement la rendait soupçonneuse et vindicative. Il était d'ailleurs dans son caractère de se roidir contre les difficultés, de s'irriter de toute opposition, et de hasarder des entreprises qui pouvaient être considérées comme audacieuses et nouvelles. Peut-être Monaldeschi eût-il été traité avec moins de rigueur s'il eût offensé Christine pendant qu'elle était assise sur le trône, et qu'au désir de la vengeance ne se fût joint l'orgueil de braver les obstacles.

On ne sera peut-être pas fâché que nous rapportions, en terminant cet article, la lettre insensée que Christine écrivit, prétend-on, au cardinal Mazarin, qui lui avait mandé « qu'une action aussi « horrible (que le massacre de son écuyer) devait éloigner pour « toujours Sa Majesté de la Cour de Louis, qui en était révolté, ainsi « que lui-même et tous les gens de bien. »

« Monsieur Mazarin,

« Ceux qui vous ont appris le détail de la mort de Monaldeschi, « mon écuyer, s'étaient très mal informés.

« Je trouve fort étrange que vous commettiez tant de gens pour « vous éclaircir de la vérité du fait. Votre procédé ne devrait pour- « tant point m'étonner, tout fort qu'il est. Mais, je n'aurais jamais « cru que ni vous, ni votre jeune Maître orgueilleux, eussiez osé « m'en témoigner le moindre ressentiment.

« Apprenez tous tant que vous êtes, valets et maîtres, petits et « grands, qu'il m'a plu d'agir ainsi. Que je ne dois, ni ne veux.

« rendre compte de mes actions à qui que ce soit, surtout à des « fanfarons de votre sorte.

« Vous jouez un singulier personnage, pour un homme de « votre rang! Mais quelques raisons qui vous aient déterminé à « m'écrire, j'en fais trop peu de cas pour m'en intriguer un seul « instant.

« Je veux que vous sachiez et que vous disiez, à qui voudra l'en- « tendre, que Christine se soucie peu de votre Cour, et encore « moins de vous. Que pour me venger, je n'ai pas besoin d'avoir « recours à votre *formidable puissance.* Mon honneur l'a voulu « ainsi : ma volonté est une loi que vous devez respecter. Vous « taire, est votre devoir; et bien des gens que je n'estime pas « plus que vous, feraient très bien d'apprendre ce qu'ils doi- « vent à leurs égaux avant que de faire plus de bruit qu'il ne con- « vient.

« Sachez enfin, Mons le Cardinal, que Christine est reine par- « tout où elle est, et qu'en quelque lieu qu'il lui plaise d'habiter, « les hommes, quelque fourbes qu'ils soient, vaudront encore « mieux que vous et vos affidés.

« Le prince de Condé avait bien raison de s'écrier, lorsque vous « le reteniez inhumainement à Vincennes : *Ce vieux renard qui « jusqu'ici a trompé Dieu et le diable, ne se lassera jamais d'ou- « trager les bons serviteurs de l'État, à moins que le Par- « lement ne congédie ou ne punisse cet illustrissime faquin de « Piscina.*

« Croyez-moi donc, Jules, comportez-vous de manière à mé- « riter ma bienveillance; c'est à quoi vous ne sauriez trop vous « étudier. Dieu vous préserve d'aventurer jamais le moindre propos « indiscret sur ma personne! Quoique au bout du monde, je serai « instruite de vos menées. J'ai des amis et des courtisans à mon « service, qui sont aussi adroits et aussi surveillants que les vôtres « quoique bien moins soudoyés. »

On conçoit qu'après une missive de cette espèce, la reine de Suède ne tarda guère à quitter la France.

Les différents jugements portés sur cette princesse, fourniraient matière à bien des réflexions. Les inégalités de sa conduite, de son humeur, et de ses goûts, ont fait dire à d'Alembert : « Le peu de « décence qu'elle mit dans ses actions ; le peu d'avantage qu'elle « tira de ses connaissances et de son esprit ; sa fierté souvent dé- « placée ; ses discours équivoques sur la religion qu'elle avait « quittée, et sur celle qu'elle avait embrassée ; enfin, la vie, pour « ainsi dire errante, qu'elle a menée parmi des étrangers qui ne « l'aimaient pas ; tout cela justifie, plus qu'elle ne l'a cru, la briè- « veté de son épitaphe :

« VIXIT CHRISTINA ANNOS LXIII. »

B.

(*Renvoi de la page* 12.)

AFFAIRE DU DUC DE CRÉQUI, à Rome,

(en 1662.)

Le cardinal d'Est, protecteur et directeur des affaires de France à Rome, se trouvait chargé d'y appuyer les prétentions des ducs de Parme et de Modène, sur certaines terres et domaines attribués à la chambre apostolique. Le cardinal d'Est, dans cette circonstance, s'acquitta de sa charge avec toute la fierté d'un ministre qui parle au nom d'un monarque puissant et avec tout le zèle d'un homme qui travaille pour les intérêts de sa maison. Mais le pape, et les siens, qui n'aimaient point ce prélat, n'étaient nullement disposés à accéder à ses sollicitations.

Un incident qui survint, en 1660, augmenta la froideur ou plutôt la mésintelligence entre la France et la cour de Rome. Le 21 juin, deux ou trois sbires étant allés saisir, pour dettes, un marchand qui logeait aux environs du palais de France, plusieurs des gens du cardinal d'Est voulurent les empêcher d'exécuter leur commission, sous prétexte qu'on ne pouvait pas enlever cet homme sans violer les franchises du quartier de l'ambassade. Les sbires persistant à vouloir passer outre, les gens du cardinal mirent l'épée à la main et les forcèrent à se retirer sans leur proie.

Mario Chigi, frère du pape, et général des troupes pontificales, prétendant que la franchise du palais de France ne s'étendait pas aussi loin, ordonna au barigel ou chef des sbires, de se transporter bien accompagné à la demeure du marchand et de l'enlever de vive force.

Cette expédition ne put se faire à l'insu des gens du cardinal ; ils accoururent en grand nombre, chargèrent le barigel et sa bande, reprirent le prisonnier, tuèrent trois hommes et en blessèrent plusieurs autres.

Le cardinal d'Est voulant prévenir les suites de cette affaire, envoya sur-le-champ son maître de chambre à Mario Chigi, pour lui faire des excuses, protestant qu'il n'avait eu aucune part à ce qui venait de se passer. M. Chigi reçut cette satisfaction assez froidement ; néanmoins, l'affaire fut pacifiée par la médiation des cardinaux Barbarin et Pio, le pape ayant consenti à donner une entière abolition du passé.

Malgré ce raccommodement, le cardinal d'Est jugeant que sa présence ne serait jamais agréable au Saint-Père, et qu'il ne pourrait obtenir satisfaction pour les ducs de Parme et de Modène, écrivit à la cour de France sur la nécessité d'envoyer à Rome un nouvel ambassadeur.

Louis XIV, appréciant la demande du cardinal, choisit pour remplir cette mission difficile, Charles de Blanchefort, duc de Créqui, seigneur d'une très noble représentation, mais plus propre à la carrière des armes qu'il avait suivie jusqu'alors, qu'à celle des négociations. La fierté du cardinal avait mécontenté bien du monde ; quelques hauteurs du duc achevèrent d'aigrir les esprits.

L'historien Nani va jusqu'à dire qu'on l'avait envoyé à dessein, dans la persuasion où l'on était que les parents du pape seraient mécontents de ses manières à leur égard. On voulait, par ces petites, mais fréquentes mortifications, les punir du peu de respect avec lequel ils parlaient du gouvernement du roi. Si cela est exact, il faut avouer qu'on ne pouvait mieux choisir. Les Chigi se plaignirent bientôt que le nouvel ambassadeur ne leur rendait pas assez de civilités, et l'on croit être fondé à avancer que le cardinal Impériali, gouverneur de Rome, permit qu'on violât le droit des gens à l'égard du duc de Créqui, pour leur faire sa cour.

Quelques soldats de la garde Corse prirent querelle avec trois ou quatre Français de la suite de l'ambassadeur, qui les menèrent rudement. Au lieu d'en porter plainte à leurs officiers, ou au duc de Créqui, qui n'aurait pas sans doute toléré la violence de ses gens, ils coururent à un poste voisin pour demander du secours à leurs camarades. Ceux-ci sonnèrent l'alarme, et, toutes les compagnies étant rassemblées, on marcha en ordre, tambour battant, et drapeaux déployés, vers le palais Farnèze où logeait l'ambassadeur, comme s'il avait été question de l'emporter d'assaut.

Par malheur le duc de Créqui, entendant des cris tumultueux, vint sur le balcon de son appartement, pour voir quelle en était la cause ; il y parut dans le moment que les Corses investissaient le palais. La fureur où les avaient jetés les blessures de leurs compagnons, soutenus peut-être par l'espérance secrète de l'impunité, leur ferma les yeux sur le double attentat qu'ils allaient commettre. Ils tirèrent contre le balcon, et tandis qu'une partie assiégeait le palais, l'autre se répandit par la ville, dans l'intention d'attaquer tous les Français qu'ils trouveraient. La duchesse de Créqui, qui revenait dans cet instant, ne fut pas plus respectée que son mari ; un page fut tué à la portière de son carrosse, trois de ses domestiques furent dangereusement blessés, elle-même aurait péri sans doute, si son cocher ne l'eût menée rapidement à travers les balles qui sifflaient à ses oreilles, chez le cardinal d'Est, dont l'hôtel n'était pas éloigné, et qui la reconduisit au palais Farnèze, à deux heures du soir, avec une bonne escorte.

Le désordre n'en demeura pas là. Ces indignes Corses après avoir exercé leur cruauté sur tous les Français qu'ils purent découvrir, sans épargner les Italiens même qu'ils croyaient attachés à la nation, posèrent des sentinelles aux environs du palais Farnèze, avec ordre de n'y laisser entrer aucune sorte de vivres, prétendant y faire périr de faim tous ceux qui y étaient enfermés. Cependant leur fureur étant un peu calmée, la plupart des Corses se sauvèrent.

Toute la ville était en suspens, et dans l'attente des suites d'une journée si malheureuse. Le pape assembla le lendemain un consistoire, dont les cardinaux français et espagnols s'absentèrent : il déplora amèrement les malheurs de la veille, et ayant demandé conseil, il dépêcha un courrier en France, avec des lettres où il n'avait rien oublié de ce qu'il avait cru capable d'adoucir l'esprit du roi. Il est présumable qu'il aurait réussi, et que ce prince se serait contenté de la punition des plus coupables ; mais le duc de Créqui crut avoir des raisons de ne rien ménager ; il fit de son côté tout ce qu'il fallait pour l'aigrir davantage ; il accusa le cardinal Impériali d'avoir envoyé les sbires pour donner main-forte aux Corses, sous prétexte de les réprimer, d'avoir fait évader les coupables, qu'il soutenait avoir été animés sous main par dom Mario Chigi, frère du pape, général des troupes ecclésiastiques, et pour faire voir toute la grandeur du mal, il arma un nombre considérable de Français et d'étrangers, fit monter la garde à toutes les avenues de son palais qu'il remplit d'armes et de munitions, et ne marcha plus lui-même qu'environné d'une nombreuse escorte, disant partout qu'il y avait encore du danger pour sa personne, et que sa vie n'était pas en sûreté.

Le pape, au désespoir d'un éclat qui ne pouvait qu'augmenter le mal, fit en vain des efforts pour engager l'ambassadeur à congédier tout ce monde, qui lui paraissait fort inutile. La reine Christine se joignit au pape, rien ne réussit. Par le conseil du cardinal d'Est, il sortit de Rome, se retira sur les terres du grand-duc de Toscane, après avoir fait partir un courrier pour apprendre au roi qu'il n'avait pu attendre ses ordres pour sa retraite, parce que les nouvelles violences auxquelles il était exposé intéressait l'honneur de Sa Majesté.

Outre la fierté naturelle du duc de Créqui, il représentait la personne d'un grand roi. Il dut ressentir plus vivement qu'un autre l'insulte qu'on lui avait faite. Mais on doit cette justice à la vérité : ce qui se passa à Rome après son départ justifia au moins en grande partie la conduite qu'il avait tenue.

Jamais les droits de la société ne furent plus impunément violés : il se fit trop d'injustices pour ne pas croire qu'on les laissa ignorer au pape. C'était un crime à Rome que de parler français ; plusieurs pèlerins de cette nation que la seule dévotion de visiter les tombeaux des saints apôtres avait attirés, l'éprouvèrent par les violences qu'on leur fit. Il fut question d'arrêter le cardinal d'Est. On emprisonna deux domestiques du duc Césarini. On le menaça lui-même de lui faire son procès, parce qu'étant décoré des ordres du roi, il avait offert ses services à l'ambassadeur, dans le temps du désordre. Pour mettre le roi même dans l'impossibilité d'obtenir la justice qu'on prévoyait bien qu'il allait demander, on licencia la garde Corse, qui eut la permission de se retirer où elle voudrait. Enfin pour apposer le dernier sceau aux outrages faits à la France, on rétablit la légation de la Marche d'Ancône (abolie depuis quelque temps), en faveur du cardinal Impériali, accusé d'en être le mobile ou le fauteur.

Cependant les nouvelles de ce qui se passait à Rome arrivèrent en France. Dès que le roi en fut instruit, il assembla son conseil, à l'issue duquel ce prince envoya ordre au nonce Piccolomini de se retirer à Meaux et d'y attendre ses volontés. Piccolomini, au lieu d'aller à Meaux, alla s'enfermer dans l'abbaye de Saint-Denis ; sur quoi quarante mousquetaires de la garde en occupèrent toutes les avenues, observant si bien le nonce fugitif, qu'à la réserve de ses domestiques, personne ne pouvait lui parler. Quelques jours après ils le conduisirent avec la même vigilance jusqu'au pont de Beauvoisin, sur les frontières de la Savoie. On dépêcha en même temps un courrier au duc de Créqui, pour lui enjoindre de demander de la part du roi une réparation proportionnée à l'attentat commis contre lui.

La vérité parvint enfin au trône pontifical. Des prélats zélés pour la justice parlèrent à Alexandre VII, sans déguisement. L'ambassadeur de Venise se joignit à eux. En conséquence, le pape envoya un bref au roi, il supplia, il protesta qu'il abhorrait l'action des Corses, mais il n'alla pas plus loin. Aussi Louis, plus indigné que jamais, lui fit dire, pour toute réponse, que s'il avait des propositions à faire pour un accommodement, il n'avait qu'à s'adresser au duc de Créqui, le seul avec qui on pût traiter, et qui avait ses ordres.

La congrégation établie à ce sujet fit d'abord savoir au duc que la garde Corse avait été licenciée. Le duc, qui prétendait que c'était pour la soustraire aux châtiments qu'elle méritait, puisqu'on avait fourni des barques aux plus coupables d'entre les Corses, traita ce préliminaire, comme il le méritait, et ne fit point de réponse. Quelques jours après, on lui écrivit que le gouvernement de Rome avait été ôté au cardinal Impériali. C'était quelque chose, mais ce n'était pas assez. Le duc répondit que la légation d'Ancône valait bien le gouvernement de Rome, et que le cardinal était bien plus récompensé que puni. Enfin, la congrégation se détermina à faire pendre un Corse et un sbire qui s'étaient laissé prendre; mais comme cette exécution ne désarmait pas l'ambassadeur, et qu'il ne daignait pas encore entrer en négociation, la congrégation lui députa l'abbé Rospigliosi, depuis cardinal neveu sous le pontificat de Clément IX, pour savoir au juste quelles étaient les intentions du roi.

La cour de Rome croyait en avoir déjà assez fait. Les propositions que le député lui rapporta parurent intolérables; le pape s'aveuglant sur l'injustice de sa cause et sur ses propres intérêts, pensa à opposer la force à la force si l'on se déterminait en France à l'employer, et sentant bien qu'il n'était pas en état de se soutenir par lui-même, il sollicita plusieurs princes de se liguer en sa faveur. Peut-être faisait-il envisager la guerre comme une croisade. Tout lui manqua de ce côté-là. Les princes étaient offensés dans l'outrage fait à un ambassadeur reconnu pour tel; quelle apparence qu'ils pussent se résourdre à prendre les armes pour le souverain qui voulait le laisser impuni. L'empereur seul promit secrètement des secours; mais ils se réduisirent à permettre au pape de lever des soldats dans l'empire.

Louis aussi irrité de ces démarches irrégulières que de l'insulte faite à son ambassadeur, s'empara d'Avignon, et du Comtat Venaissin, qui, par arrêt du parlement d'Aix, furent réunis à la couronne comme étant un fief de l'ancien domaine et dépendant du comté de Provence. Les peuples de ce pays avaient déjà chassé le vice-légat Lascari, abattu les armes du pape, et mis celles de France à leur place. Six mille hommes passèrent dans les duchés de Parme et de Modène, pour être prêts à entrer dans l'État ecclésiastique au commencement du printemps, sous les ordres du maréchal du Plessis-Praslin.

C'était plus qu'il n'en fallait pour se rendre maître de tout le patrimoine de Saint-Pierre et faire trembler le pape jusque dans le Vatican. Il le comprit, et les vives représentations du sacré collége, du roi d'Espagne, du grand-duc de Toscane, de ses parents que l'orage menaçait de plus près, achevèrent de l'ébranler. Il se détermina à subir une loi que sa faiblesse et son indulgence avaient mis le roi dans la nécessité de lui imposer.

Par le Traité conclu à Pise (en 1664), Alexandre VII s'engagea à révoquer l'incamération de Castro et de Ronciglione, pays dévolu depuis quelques années à la chambre apostolique et appartenant à la maison d'Est, et à dédommager le duc de Modène des prétentions qu'il avait sur les vallées de Comachio. Il était ensuite stipulé que le cardinal Chigi son neveu serait envoyé en France avec la qualité de Légat *à Latere,* pour témoigner au roi dans une audience publique le déplaisir que Sa Sainteté avait ressenti de l'insulte faite au duc de Créqui. Que dom Mario son frère déclarerait par écrit, foi de cavalier, qu'il n'avait eu aucune part à ce qui s'était passé, et qu'il lui serait ordonné de s'absenter de Rome jusqu'à ce que le cardinal Chigi eût présenté au roi ses très humbles excuses au nom de sa maison. Que dom Augustino, autre neveu du pape, irait au-devant du duc de Créqui lorsqu'il retournerait à Rome, et la signora Dona Bérénice, sa belle-sœur, au-devant de la duchesse pour les assurer chacun en particulier, au nom de Sa Sainteté, de la douleur que lui avait causée le traitement qu'ils avaient reçu des Corses. Que le cardinal Impériali aurait la permission d'aller en personne supplier très humblement le roi très chrétien de vouloir bien oublier le passé. (Privé de sa nouvelle légation, exilé de Rome, il s'était d'abord retiré à Gênes sa patrie; mais le sénat, par respect pour le roi, l'avait forcé d'en sortir.) Que toute la nation Corse serait déclarée à jamais incapable de servir dans l'État ecclésiastique. Et, afin que personne n'ignorât la réparation, il fut réglé par le dernier article qu'on élèverait à Rome, aux dépens de la chambre apostolique, vis-à-vis l'ancien corps-de-garde des Corses, une pyramide, avec une inscription qui contiendrait et le décret rendu contre eux et les causes de ce décret.

Ce Traité fut accompli de bonne foi. Le cardinal Chigi passa en France, et fut reçu à Paris avec tous les honneurs imaginables. Les princes du sang, toutes les cours souveraines, le gouverneur, le prévôt des marchands, les échevins et leur suite allèrent le complimenter dans l'abbaye Saint-Antoine. Il entra ensuite dans la ville au son de toutes les cloches, au bruit du canon, escorté de trois cents archers de la ville, accompagné du prince de Condé, du duc d'Enghien, du duc de Montausier, et des cinq prélats de la Légation, jusqu'à l'église de Notre-Dame, où l'archevêque, en habits pontificaux, l'attendait à la tête de son clergé.

Il se serait sans doute privé volontiers de l'appareil de cette réception. Plus on veut toucher le dieu, plus la victime qu'on lui immole est parée. Il dut intérieurement se comparer à ces rois malheureux que les Césars faisaient nourrir avec tant de soins, et qu'ils obligeaient de se couvrir de toutes les marques de la royauté, pour les donner en spectacle au peuple romain, et décorer leur triomphe. Il eut son audience, et il faut dire, à la louange du roi, que dans le discours que le légat lui fit, et dont toutes les expressions avaient été stipulées dans le Traité de Pise, il n'y avait rien qui pût intéresser l'honneur du saint-siége. Avignon et le Comtat furent rendus au pape, et la bonne harmonie rétablie entre les deux Cours.

C.

(*Renvoi de la page* 16.)

LE MARQUIS DE SAINT-GILLES,

ANECDOTE DIPLOMATIQUE,

Racontée par le fameux Comte DE SAINT-GERMAIN

(le thaumaturge),

CHEZ MADAME LA MARQUISE DE POMPADOUR*.

« Le comte de Saint-Germain étant venu chez madame **, qui était incommodée, et qui restait sur sa chaise longue, lui fit voir une petite boîte qui contenait des topazes, des rubis, des émeraudes. Il

* Rapportée par Mme Du Hausset dans son *Journal*, qui fut publié pour la première fois, en 1809, dans les *Mélanges d'histoire et de littérature*, de feu M. Quintin Craufurd, philologue écossais, dont il est parlé fréquemment dans les *Lettres* de madame du Deffant à Horace Walpole.

** La marquise de Pompadour.

paraît qu'il y en avait pour des millions. Madame m'avait appelée pour voir toutes ces belles choses. Je les regardai avec ébahissement ; mais je faisais signe par derrière à madame que je croyais tout cela faux. Le comte ayant cherché quelque chose dans un portefeuille, grand deux fois comme un étui à lunettes, il en tira deux ou trois petits papiers qu'il déplia, fit voir un superbe rubis, et jeta de côté sur la table avec dédain une petite croix de pierres blanches et vertes. Je la regardai, et dis : cela n'est pas tant à dédaigner. Je l'essayai, et j'eus l'air de la trouver fort jolie. Le comte me pria aussitôt de l'accepter ; je refusai, il insista. Madame refusait aussi pour moi. Enfin, il pressa tant et tant, que madame, qui voyait que cela ne pouvait guère valoir plus de quatre louis, me fit signe d'accepter. Je pris la croix, fort contente des belles manières du comte, et madame, quelques jours après, lui fit présent d'une boîte émaillée sur laquelle était un portrait de je ne sais plus quel sage de la Grèce, pour faire comparaison avec lui. Je fis, au reste, voir la croix, qui valait quinze cents livres. Il proposa à madame de lui montrer quelques portraits en émail de Petitot ; et madame lui dit de venir après dîner pendant la chasse. Il montra ses portraits ; madame lui dit alors : On parle d'une histoire charmante que vous avez racontée il y a deux jours en soupant chez M. le Premier*, et dont vous avez été le témoin, il y a cinquante ou soixante ans. Il sourit, et dit : Elle est un peu longue.—Tant mieux, dit madame ; et elle parut charmée. M. de Gontaut** et les dames arrivèrent : on fit fermer la porte ; ensuite madame me fit signe de m'asseoir derrière un paravent. Le comte fit beaucoup d'excuses sur ce que son histoire ennuierait peut-être. Il dit que quelquefois on racontait passablement, et qu'une autre fois ce n'était plus la même chose.

« Le marquis de Saint-Gilles était, au commencement de ce siècle, ambassadeur d'Espagne à La Haye ; et il avait connu particulièrement dans sa jeunesse le comte de Moncade, grand d'Espagne, et l'un des plus riches seigneurs de ce pays. Quelques mois après

* M. le Pr. Président, Mathieu-François Molé, seigneur de Champlatreux.

** Il était beau-frère et ami du duc de Choiseul, et ne quittait pas madame de Pompadour.

5

son arrivée à La Haye, il reçut une lettre du comte, qui, invoquant son ancienne amitié, le priait de lui rendre le plus grand des services. « Vous savez, lui disait-il, mon cher marquis, le chagrin que j'avais de ne pouvoir perpétuer le nom de Moncade. Il a plu au ciel, peu de temps après que je vous eus quitté, d'exaucer mes vœux, et de m'accorder un fils : il a manifesté de bonne heure des inclinations dignes d'un homme de sa naissance ; mais le malheur a fait qu'il est devenu amoureux à Tolède de la plus fameuse actrice de la troupe de comédiens de cette ville. J'ai fermé les yeux sur cet égarement d'un jeune homme qui ne m'avait jusque-là donné que de la satisfaction. Mais ayant appris que la passion le transportait au point de vouloir épouser cette fille, et qu'il lui en avait fait la promesse par écrit, j'ai sollicité le roi pour la faire enfermer. Mon fils, instruit de mes démarches, en a prévenu l'effet, et s'est enfui avec l'objet de sa passion. J'ignore, depuis plus de six mois, où il a porté ses pas ; mais j'ai quelque lieu de croire qu'il est à La Haye. » Le comte conjurait ensuite le marquis, au nom de l'amitié, de faire les perquisitions les plus exactes pour le découvrir et l'engager à revenir auprès de lui. « Il est juste, disait le comte, de faire un sort à la fille, surtout si elle consent à rendre le billet de mariage qu'elle s'est fait donner ; et je vous laisse le maître de stipuler ses intérêts, ainsi que de fixer la somme nécessaire à mon fils pour se rendre dans un état convenable à Madrid. Je ne sais si vous êtes père, disait le comte en finissant, et si vous l'êtes, vous pourrez vous faire une idée de mes inquiétudes. » Le comte joignait à cette lettre un signalement exact de son fils et de sa maîtresse. — Le marquis n'eut pas plutôt reçu cette lettre qu'il envoya dans toutes les auberges de La Haye, d'Amsterdam et de Rotterdam; mais ce fut en vain ; il ne put rien découvrir. Il commençait à désespérer de ses recherches, lorsque l'idée lui vint d'y employer un jeune page français fort éveillé. Il lui promit une récompense s'il réussissait à découvrir la personne qui l'intéressait si vivement ; et il lui donna son signalement. Le page parcourut plusieurs jours tous les lieux publics, sans succès; enfin, un soir, il aperçut dans une loge un jeune homme et une jeune femme qu'il considéra attentivement ; et ayant remarqué que, frappé de son attention, le jeune homme et la femme se retiraient au fond de la loge, le page ne douta pas du succès de ses recherches. Il ne perdit pas la loge de vue, considérant attentivement tous les mouvements qui s'y faisaient. Au moment où la pièce finit, il se trouva sur le passage qui conduisait des loges à la porte ; et il remarqua que le jeune homme en passant devant lui, et considérant sans doute l'habit qu'il portait, avait cherché à se cacher, en mettant son mouchoir sur sa bouche. Il le suivit sans affectation jusques à l'auberge appelée le *Maréchal de Turenne*, où il le vit entrer avec la femme, et, sûr d'avoir trouvé ce qu'il cherchait, il courut bien vite l'apprendre à l'ambassadeur. Le marquis de Saint-Gilles se rendit aussitôt, couvert d'un manteau, et suivi de son page et de deux domestiques, au *Maréchal de Turenne*. Arrivé à cette auberge, il demanda au maître de la maison où était la chambre d'un jeune homme et d'une femme qui logeaient depuis quelque temps chez lui. Le maître de l'auberge fit d'abord quelques difficultés de l'en instruire, s'il ne les demandait pas par leur nom. Le page lui dit de faire attention, qu'il parlait à l'ambassadeur d'Espagne, qui avait des raisons pour voir ces personnes. L'aubergiste dit qu'elles ne voulaient point être connues, et qu'elles avaient défendu qu'on laissât entrer chez elles ceux qui, en les demandant, ne les nommeraient pas ; mais, par considération pour l'ambassadeur, il indiqua leur logement, et le conduisit tout au haut de la maison, dans une des plus vilaines chambres. Il frappa à la porte, qu'on tarda quelque temps à ouvrir ; enfin, après avoir frappé assez fort de nouveau, la porte s'ouvrit à moitié, et à l'aspect de l'ambassadeur et de sa suite, celui qui l'avait entr'ouverte, voulut la refermer, disant qu'on se trompait. L'ambassadeur poussa fortement la porte, entra et fit signe à ses gens d'attendre dehors, et, resté seul dans la chambre, il vit un jeune homme d'une très jolie figure, dont les traits étaient parfaitement semblables à ceux qui étaient spécifiés dans le signalement. Avec lui était une jeune femme, belle, très bien, et également ressemblante par la couleur de ses cheveux, la taille et le tour du visage, à celle qui lui avait été décrite par son ami, le comte de Moncade. Le jeune homme parla le premier, et se plaignit de la violence qu'on avait employée pour entrer chez un étranger qui était dans un pays libre, et qui y vivait sous la protection des lois. L'ambassadeur lui répondit, en s'avançant vers lui pour l'embrasser, il n'est pas question ici de feindre, mon cher comte, je vous connais, et je ne viens point pour vous faire de la peine, ni à cette jeune dame, qui me paraît fort intéressante. Le jeune homme répondit qu'on se trompait, qu'il n'était pas comte, mais fils d'un négociant de Cadix ; que cette jeune dame était son épouse, et qu'ils voyageaient pour leur plaisir. L'ambassadeur jetant les yeux sur la chambre, fort mal meublée, dans laquelle était un seul lit, et sur le bagage très mesquin qui était çà et là : « Est-ce ici, mon cher enfant, permettez-moi ce titre qu'autorise ma tendre amitié pour votre père, est-ce ici que doit demeurer le fils du comte de Moncade ? » Le jeune homme se défendait toujours de rien entendre à ce langage. Enfin, vaincu par les instances de l'ambassadeur, il avoua, en pleurant, qu'il était le fils de Moncade, mais qu'il ne retournerait jamais auprès de son père, s'il fallait abandonner une jeune femme qu'il adorait. La femme fondant en larmes, se jeta aux genoux de l'ambassadeur, en lui disant qu'elle ne voulait pas être cause de la perte du comte de Moncade ; et sa générosité, ou plutôt son amour triomphant de son propre intérêt, elle consentait, pour son bonheur, disait-elle, à se séparer de lui. L'ambassadeur admire un si noble désintéressement. Le jeune homme s'en désespère, fait des reproches à sa maîtresse, et ne veut point, dit-il, l'abandonner, et faire tourner contre elle-même, contre une personne si estimable, la générosité sublime de son cœur. L'ambassadeur lui dit que l'intention du comte de Moncade n'est point de la rendre malheureuse, et il annonce qu'il est chargé de lui donner une somme convenable pour qu'elle puisse retourner en Espagne, ou vivre dans tel endroit qu'elle voudra. La noblesse de ses sentiments, et la vérité de sa tendresse, lui inspirent, dit-il, le plus grand intérêt, et l'engagent à porter aussi haut qu'il soit possible, pour le moment, la somme qu'il est autorisé à lui donner ; et, en conséquence, il lui promet dix mille florins, environ vingt-cinq mille livres, qui lui seront comptés au moment où elle aura remis l'engagement de mariage qui lui a été fait, et que le comte de Moncade aura pris un appartement chez l'ambassadeur, et promis de retourner en Espagne. La jeune femme a l'air de ne pas faire attention à la somme, ne songe qu'à son amant, à la douleur de le quitter, qu'au sacrifice cruel auquel la raison et son propre amour l'obligent de souscrire. Tirant ensuite, d'un petit portefeuille, la promesse de mariage signée du comte, Je connais trop son cœur, dit-elle, pour en avoir besoin : elle la baise avec une espèce de transport plusieurs fois, et la remet à l'ambassadeur, qui reste surpris de tant de grandeur d'âme. Il promet à la jeune femme de s'intéresser à jamais à son sort, et assure le comte que son père lui pardonne. Il recevra à bras ouverts, dit-il, l'enfant prodigue revenant au sein de sa famille désolée : le cœur d'un père est une mine inépuisable de tendresse. Quel sera le bonheur de son ami, affligé depuis si longtemps, quand il apprendra cette nouvelle ! et combien il se trouve lui-même heureux d'être l'instrument de sa félicité ! Tels sont en partie les discours de l'ambassadeur, dont le jeune homme paraît vivement touché. L'ambassadeur craignant que l'amour ne reprenne, pendant la nuit, tout son empire, et ne triomphe de la généreuse résolution de la dame, presse le jeune comte de le suivre à son hôtel. Les pleurs, les cris de douleur que cette cruelle séparation occasionne, sont difficiles à exprimer, et touchent sensiblement le cœur de l'ambassadeur, qui promet à jamais sa protection à la jeune dame. Le petit bagage du comte ne fut pas embarrassant à porter, et il se trouva installé, le soir, dans le plus bel appartement de l'ambassadeur, comblé de joie d'avoir rendu à l'illustre maison de Moncade l'héritier de ses grandeurs et de tant de magnifiques domaines dont elle était en possession. Le lendemain de cette heureuse soirée, le jeune comte voit arriver, à son lever, tailleurs, marchands d'étoffes, de dentelles, etc., et il n'a qu'à choisir. Deux valets de chambre et trois laquais sont dans son antichambre, et choisis par l'ambassadeur, parmi ce qu'il y a de plus intelligent et de plus honnête dans cette classe ; ils se présentent pour être à son service. L'ambassadeur montre au jeune comte la lettre qu'il vient d'écrire à son père, dans laquelle il le félicite d'avoir un fils dont les sentiments et les qualités répondent à la noblesse de son sang ; et il lui annonce son prompt retour. La jeune dame n'est point oubliée ; il avoue devoir en partie à sa générosité la soumission de son amant, et ne doute pas que le comte n'approuve le don qu'il lui a fait de dix mille florins. Cette somme fut remise le même jour à cette noble et intéressante personne, qui ne tarda pas à partir.

« Les préparatifs pour le voyage du comte étant faits, une garderobe magnifique, une excellente voiture furent embarquées à Rotterdam, sur un vaisseau faisant voile pour la France, et sur lequel fut arrêté le passage du comte, qui, de ce pays, devait se rendre en Espagne. On remit au jeune comte une assez grosse somme d'argent à son départ, et des lettres de change assez fortes sur Paris ; et les adieux de l'ambassadeur et de ce jeune seigneur furent des plus touchants. L'ambassadeur attendait avec impatience la réponse du comte de Moncade ; et se mettant à sa place, jouissait du plaisir de son ami. Au bout de quatre mois il reçut cette réponse si vivement attendue ; et l'on essaierait vainement de peindre la surprise de l'ambassadeur en lisant ces paroles : « Le ciel ne m'a jamais, mon cher marquis, accordé la satisfaction d'être père ; et comblé de biens et d'honneurs, le chagrin de n'avoir pas d'héritiers, et de voir finir en moi une race illustre, a répandu la plus grande amertume sur ma vie. Je vois avec une peine extrême que vous avez été trompé par un jeune aventurier, qui a abusé de la connaissance qu'il a eue de notre ancienne amitié. Mais Votre Excellence n'en doit pas être dupe. C'est bien véritablement le comte de Moncade que vous avez voulu obliger, et il doit acquitter ce que votre généreuse amitié s'est empressée d'avancer pour lui procurer un bonheur qu'il aurait senti bien vivement. J'espère donc, monsieur le Marquis, que Votre Excellence ne fera nulle difficulté d'accepter la remise contenue dans cette lettre, de trois mille louis de France dont elle m'a envoyé la note. » — La manière dont le comte de Saint-Germain faisait parler le jeune aventurier, sa maîtresse et l'ambassadeur firent pleurer et rire tour à tour. L'histoire est vraie dans tous ses points, et l'aventurier surpasse en adresse Gusman d'Alfarache, à ce que dirent les personnes qui l'écoutèrent. Madame eut l'idée d'en faire faire une comédie, et le comte lui envoya l'histoire par écrit, telle que je l'ai copiée ici. »

FIN.

INDEX.

www.ingramcontent.com/pod-product-compliance
Ingram Content Group UK Ltd.
Pitfield, Milton Keynes, MK11 3LW, UK
UKHW021614260726
13994UKWH00003B/1001

9 782329 357874